如何培养孩子自主学习力

赵周／著

湖南教育出版社

赵周老师是我的校友。多年来，他在成人教育领域做了许多令人钦佩的工作。作为学习研究者，他独创的"拆书学习法"被很多企业、大学采用；作为教育实践家，他创办的"拆书帮"帮助了非常多人。

成人最大的课题，是关于怎么养育我们的孩子。而在这本书里，他用拆书般的手法，拆解了我们做家长的种种难题。

书中列举了很多方法，这些方法能帮助我们缓解内心的焦虑，迎来自己的改变，通过我们的成长，改变我们的孩子。

希望你能通过这本书，与孩子一起，成就了不起的自己。

——陈海贤（动机在杭州）浙江大学心理学博士，知名心理咨询师

赵周老师在谈培养孩子自主学习力，他在谈什么？他在谈学习对孩子意味着什么，他在谈孩子的认知思维怎么建立，他在谈家长跟孩子的亲子关系。

他在试图把学习这件事变得充满乐趣，而学习本身就应该充满乐趣。

赵周老师自己就是一个把读书和学习做得饶有趣味，且发展成事业的典范，他写的这本书，是实战经验，可信。

——崔璀　个人成长探索者，优势大学发起人，Momself 创始人

我向家长们极力推荐这本书，希望你们能让自己的孩子掌握真正的学习技能，而不是把教育孩子这项极具挑战性却又回报丰厚的任务外包给那些补习班或教育机构。那么做或许能提高孩子的考试成绩，但绝不可能替代父母去培养孩子真正卓越的、内在驱动的学习能力。因为这些内功，只

有通过充满爱的亲密亲子关系才能培养出来。

在本书中，你会发现很多实用的技巧，这会帮助你成为有信心并且有能力的父母。

看到这本书后，我真是为爸爸们感到兴奋，因为你们参与孩子教育的指南手册来了！这本书是写给所有父母的，尤其适合父亲们使用。父亲们，我强烈建议你们仔细阅读这本书，接受挑战，带领全家一起成为终身学习者，成为孩子们心目中的英雄和学习教练！

——蒋佩蓉　麻省理工学院中国前总面试官，儿童成长力教练，

国际商务礼仪专家，作家

这本书把养孩子这件事变成了一本目标清晰、指导具体的方法手册。它的核心观点是：作为父母，如果你不可避免地为孩子的学习成绩感到焦虑，在大举投入时间金钱之前，你要先看看自己有没有找准方法。

赵周老师是渊博的拆书家，也是极高明的讲述者，他从浩如烟海的教育理念中整理出了一套简洁、实用的方法模型，用深入浅出的方式讲给你听，相信每一位有志于投身到孩子教育中的父母，都会从中受益。

——李松蔚　北京大学心理学博士，知名家庭治疗师

孩子的学习问题，如果父母太费劲，甚至比孩子还累，那孩子永远学不会自主学习。但是不是父母就放手呢？不是，要通过学习方法、善用工具，学会用巧劲。这只能要求父母先改变自己对学习的认知。从赵周老师这本书开始，升级对学习的认知，改变教孩子学习的做法，让孩子自律和独立，父母就能毫不费力了！

——林少　十点读书 APP 创始人

究竟应该怎么管孩子的学习，这是当下摆在每一位家长面前的问题。赵周老师深入到"学习"的内部，把影响学习的基本要素和孩子学习中出

现的问题——拆解出来，拆得很细，让我们能一眼看清学习的本质，发现孩子学习问题背后的真正原因。

他把孩子当成一粒种子，给出一套行之有效的培养方法，让孩子从小获得学习乐趣，像种子一样主动吸收，自主生长。按照《如何培养孩子自主学习力》中的方法培养孩子，不仅可以让孩子建立良好的思维模式和学习习惯，从而获得终身受益的自主学习力，对家长而言，也是一次愉快的自我成长之旅。

——苏元　青豆书坊总编辑

很多父母对学习不是没有认知，而是有很多错误的认知。学习态度和成绩的背后，是学习能力、思维和习惯。这些能力和习惯，如果通过父母的言传身教传承给孩子，将是我们能够给孩子的最宝贵的东西。这本书中给出了很多落地的工具，是引导孩子学习的"术"，而其中一以贯之的学习之"道"，则能真正塑造孩子、传承家教。

——肖知兴　知名管理学家，致极学院创办人

目录
contents

前　言

　　为什么要培养孩子自主学习力

　　本书用法

　　学习力要素一览表

第一部分　学习兴趣带来内驱力

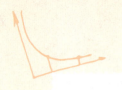

第二部分　日常促进孩子的思维能力

第三部分　父母能促进的科目积累

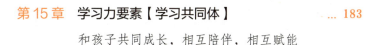

第四部分　一生受用的成长习惯

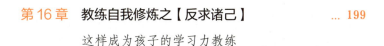

前 言

为什么要培养孩子自主学习力

新闻里：一位委员提议"彻底取缔校外培训机构"；一位高考状元在大学天天打游戏被劝退；一位北大毕业生 10 年不跟父母联系，发公开信指责父母；专家说 1/4 的大学生承认有过抑郁倾向，实际比例可能高达40%……

现实中：补习班门口人满为患，父母们沉默地刷着手机等孩子下课；学区房价格不断跳涨，还要排队抢；有孩子妈下班后睡觉前超过一半的家庭时间都在管孩子学习；有孩子爸一边责骂孩子不爱学习一边担心孩子压力太大……

古今中外，大概没有一代父母，像我们这么难。

要孩子童年快乐，还是考试成绩?

要孩子素质教育，还是熬夜刷题?

要监督孩子学习，还是善待自己?

每天在割裂中焦虑，在焦虑中催逼，在催逼中损耗情绪和关系。

其实，真不用那么割裂，快乐和成绩，素质和做题，当下和未来，陪伴孩子和善待自己——可以都要的。只要孩子会自主学习。

具备自主学习力的孩子，他的学习是内在驱动的，主动自发的学习习惯会让他在认真学习中获得成就感。他会说"我爱学习，学习让我快乐"，而不是"学习让我妈快乐"。

具备自主学习力的孩子，才能活出自己的人生。小到每天的学习任务，大到人生的每个选择，他都有意愿、有能力来掌控。他会越来越自律和独立，而不可能变成既不快乐又难以应对职场的"小镇做题家"。

具备自主学习力的孩子，他们的父母才能得到解放。因为时间和情绪的投入逐渐减少，父母越来越轻松，而孩子却越学越有劲头，成绩也会越来越好。

相当多家庭为孩子学习所花的时间、金钱、精力，所耗费的情感、关系，并没有真正起到作用。原因是没有意识到：父母必须先学习，学习怎样促进孩子的自主学习力。

在发展心理学、教育学、行为经济学领域，关于父母的行为与子女学习成绩的关系人们有过很多研究，结论非常清晰：除非父母能够真正理解学习是怎么回事儿，真正了解怎么有效促进孩子的学习能力，不然无论花多少钱、给孩子报多少班，都没用的。不仅没用，而且你越努力，孩子就越讨厌学习、讨厌学校，甚至讨厌你。

想要孩子学习好，最好父母是喜爱学习、善于学习的人，如果不是，那至少父母是要能促进孩子学习的人。

孩子问"为什么"的时候，你的回应是侧重在记忆理解的层面，还是分析评估的层面？除非父母在更高思维层面回应孩子，不然他的思维能力只能在较低层面徘徊。

孩子说"我觉着太难了，我不想继续学那个了"的时候，你是无可奈何同意，还是威逼利诱要他继续？每种回应会给孩子的心态带来何种影响？

孩子非常轻松做完了你给他的题，而且全对，你是称赞他太聪明了，还是表扬他非常认真，还是说"抱歉浪费你的时间了，因为没有遇到困难，就没有真正的学习"……不同反馈可能会将孩子导向完全不同的思维模式。

孩子作业做得慢，需要的专注力只能由父母按部就班培养；孩子数学错得多，需要"从错误中学习"的方法论只能由父母言传身教规划；孩子背诵记不住，需要的记忆方法只能由父母配合指导训练……孩子有了兴趣和能力、有了方法和工具，就有了自主学习力。

把孩子当作火把而不是水桶。父母要做的是点燃火把。

把孩子当作种子而不是画布。父母要做的是施肥浇水。

然后，父母可以退后几步，静静地看我们的孩子自主学习、自律成长。眼前恍惚，似是欣赏多年前终于教会了孩子走路，看着他独立奔跑，又似是多年后等到了孩子成家立业，看他意气风发而备感欣慰。

最好的学习是自主学习。最好的控制是自我控制。最好的成长是自我成长。

本书用法

本书是写给父母看的，请不要直接扔给孩子。

本书有三种打开方式：

第一种是按顺序读，从第一章依次读下去。——如果你打算系统训练自己成为一名学习力教练，请用此读法。

第二种是倒叙读，先翻后记，然后读第 16 章【反求诸己】，再读第 15 章【学习共同体】……进而读完整个第四部分。——如果你觉得这些引导孩子的法子太多、太难、太烦，或任何时候读不下去了、想先放一放以后再看，请试试此读法。

第三种是把本书当字典用，从自己头疼的问题开始翻查，找到相关章节。读那一章，然后停下，想想自家的经验，规划自家的应用。先就一点行动起来，慢慢再读其他。

问题索引	相关章节
孩子从来不主动学习，不催不学，甚至不逼不学。他似乎是为了爸妈学的，每次提要求他都心不甘情不愿，还讨价还价。	第 1 章
小学三年级男孩，作文很差，妈妈想让他多练笔，但一跟孩子商量读书练笔的事情，孩子就排斥，根本不愿意谈。	第 1 章
孩子定了目标，都不能实现。到最后虱子多了不咬，孩子习惯了目标完不成。没办法，父母只能给孩子加码，"期乎上得乎中"嘛。	第 1 章

问题索引	相关章节
听课效率低、效果差，不得不给孩子安排补习，然后他就更加不认真听课了。	第 10 章
不知道是否该要求孩子课前预习。	第 10 章
孩子跟老师关系不好，导致那门课成绩不好。	第 10 章
孩子不善表达，口头表达和写作都不行，越写不好越不愿写。	第 11 章
父母自己英语很烂，怎么辅导孩子学英语？	第 11 章
数学老大难，报了课外培训班也没用。	第 11 章
孩子遇到困难就想退出，没常性。	第 13 章
孩子每天都练字 / 跳绳 / 刷题……但怎么就没有长进呢？	第 13 章
孩子不敢迎接挑战，总是挑容易的、安全的事情做。	第 13 章
虽然规定了每天阅读时间，但孩子只是应付，还是不爱读书。	第 14 章
孩子的阅读不能带来产出。	第 14 章
孩子阅读口味单一，给他买的好书他不爱看，怎么办？	第 14 章
父母自身有很多不足，怎么能教好孩子？	第 15 章
孩子的朋友不能给他带来好的影响怎么办？	第 15 章
父母常常感觉无力、沮丧，觉得在教养之路上孤军奋战。	第 15 章

学习力要素一览表

有一个老笑话，说某人肚饥，连吃四个包子仍饿，吃到第五个总算饱了，遂悔叹不已："早知道这个包子能饱腹，只吃这个就好了。"

孩子的学习成绩其实就是这第五个包子。学习成绩由学习力承载，学习力的各要素可以用一个包子模型来表示。

学习力要素可以分为四大板块：学习兴趣、思维能力、科目积累和成长习惯。将这四大板块再细分一下，每个板块又可以分解为三个要素。如下所示：

学习兴趣	学习力要素一【目标】	目标带来方向感，目标实现之后，带来成就感，就算目标没有实现，也可以带来成长。但孩子自己难以掌握定目标的技能。
	学习力要素二【反馈】	反馈包括奖励惩罚、表扬批评，以及随口给出的评价和反应。反馈会影响学习动机、思维模式。
	学习力要素三【难度】	教育工业滚滚洪流之下，给孩子个性化教育的最重要切入点就是调试难度。适当的难度能让孩子热爱学习，这可以通过分解目标而实现。
思维能力	学习力要素四【记忆力】	少记多忆，检索练习。父母可以帮孩子把死记硬背的苦差变成乐在其中的游戏，从而夯实认知能力的基础。
	学习力要素五【理解力】	点点互联，提问牵线。训练理解力的核心在于把知识点（概念、公式、问题等）联系起来，而最有效的法子是父母的提问。
	学习力要素六【应试力】	轻分数重学习，无错误不成长。从认知科学的最新研究来刷新我们对考试的认知。父母改变认知、改变做法，孩子就会从每次考试中大大受益。

	学习力要素七 【陪作业】	作业的主体是孩子，所以可以"陪"但不要"催"。每次作业都是训练专注力的机会，有方法、有要点、有工具。
科目 积累	学习力要素八 【教听课】	预习的技能、听课的技能、做笔记的技能等这些重要的学习技能，老师一般只给出宽泛的要求，父母的贴身指导能明显提升孩子的听课效能。
	学习力要素九 【语数外】	在语数外三大科上，除了配合老师的教学安排，家长还应该做点什么与老师的教学互补，共同促进孩子的短期兴趣、中期成绩和长期内力。
	学习力要素十 【坚毅进取】	我们希望孩子"永不言弃""挑战自己""主动积极"，最新的积极心理学研究让这些期待可以落地。
成长 习惯	学习力要素 十一 【终身阅读】	养成阅读习惯的价值怎么强调都不为过。在培养孩子阅读习惯这件事上，父母可以做的事不少，做到任何一点都会影响深远。
	学习力要素 十二 【学习共同体】	学习共同体的特征是共同成长、彼此陪伴、相互赋能，而每位孩子的学习力教练都在促成三个学习共同体：你家的学习共同体、孩子的学习伙伴、你自己的成长社群。

父母只盯着孩子的成绩是没用的，只要重视了学习兴趣、思维能力、科目积累、成长习惯这四大板块的学习力培养，孩子的学习成绩自然就撑起来了。但是，大部分孩子不是天生就有学习兴趣，学校提供的训练中很少涉及思维能力，科目积累需要有方法有陪伴，成长习惯更是严重受父母潜移默化的影响。因此，只有父母才能帮助孩子保持学习兴趣、升级思维能力、丰富科目积累、塑造成长习惯。只有父母，才能当孩子的学习力教练。

遗憾的是，我看到相当多父母舍得花钱送孩子去学习，而不是自己学习。对这样的爸妈来说，这本书很危险，因为要被迫承认一个事实：在孩子学习这件事上，我们还有很多可以做的事，不能只是一再责怪孩子。

这就是孩子学习力教练的自我定位：促进孩子学习。

真正促进孩子学习的要素，都在这本书里。

我们先从第一个包子开始吃。

Part One
第一部分

学习兴趣带来内驱力

- 孩子主动学习的驱动力来自学习兴趣。
  但学习兴趣并不等同于好玩。

- 对小孩子来说，学习的兴趣来自好玩有趣。

- 对大孩子来说，学习的兴趣来自成就感和方向感。

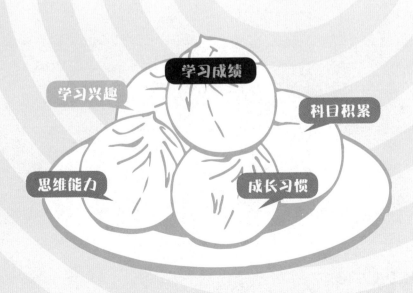

学习成绩

学习兴趣

科目积累

思维能力

成长习惯

Part One
第一部分

第1章 | 学习力要素【目标】
学习兴趣从一个好目标开始

对很多父母来说，孩子学习的短期目标是期末考，中期目标是小升初或中考，长期目标是高考。有一张在网上流传甚广的照片，摇篮里的宝宝身旁放了块牌子，"离高考还有6500天"——虽然是玩笑，但由此可见高考目标给每个家庭带来的压力。

那么，你做事情，是讨厌有目标，还是喜欢有目标？

有人喜欢目标，因为方向清晰，也因为实现目标后的成就感。有人则不希望太强调目标，因为目标意味着压力。还有人不相信目标，因为很多公司、单位也会定目标，但大家都不当真。

其实这几种感觉并不矛盾。目标会给人方向，也给压力；实现目标会让人有成就感，实现不了就会有挫败感。

不如我们换一个问法：追求轻松、享乐、自在，和追求目标、使命、意义感，哪个更快乐？

比如，在新冠肺炎疫情期间，有两个人都隔离在家，都不用担心收入或其他事，也就是说，什么都不用做。其中一个，就确实是什么都不做，想睡觉就睡觉，想看电视就看电视，想锻炼身体就动一动，一切都随性。另一个人，他跟着视频学习无器械健身，给自己设定目标"四十天练出单手俯卧撑"，他还每天挑战烧一个新菜，拍照发朋友圈。你猜两个月下来，这两个人谁更开心？

肯定是第二个。

斯坦福大学心理学教授麦格尼格尔讲过一个研究结论：那些追求意义和使命的人生远比追求轻松享乐、逃避压力的人生更加幸福和快乐。强调一遍，我们的人生要想更快乐，应该是追求目标，而不是逃避压力。

这也是为什么很多人喜欢玩电子游戏的原因。不仅是孩子，不少成年人也喜欢游戏，因为游戏里总是有清晰的目标，而他的人生呢，有很多要做的事，却未必有目标。

我们要记住第一点：**有目标，才有方向感。目标实现了，就有成就感。**

目标没实现呢？那更好，就可以继续这个游戏，继续走在追求目标的路上。你观察一下就会发现，孩子玩电子游戏时绝大部分是一次又一次失败，只有极少数时间才是实现目标的时刻。可为什么孩子玩游戏不怕失败？我们先记下这个问题，在后面的【应试力】一章中再深入讨论。

总之，很多父母缺乏定目标的意识和标准，也不具备跟孩子谈目标的能力。

学习任务安排 ≠ 目标

下面的表格是某个假期孩子完成假期作业后的学习时间安排表。

7：00 — 8：00	起床、洗漱和早饭
8：30 — 9：00	英语阅读（完成当日 Raz-Kids）
9：10 — 9：40	数学（逻辑狗和可汗学院）
9：40 — 11：00	户外运动和加餐
11：00 — 12：00	艺术 / 科学实验
12：00 — 14：00	午餐和午休
14：00 — 15：00	语文（阅读或作文）
15：00 — 17：30	自由活动和自由阅读
19：30 — 20：10	爸爸念书时间

有些父母可能会说:"这个好呀,我也要给孩子做个任务表",也有人会说:"我们早就列过这样的表,根本没用,你要不催还是不学"。

学习任务清单或者叫学习时间安排表本身没有问题,问题在于这些学习任务背后有没有设定目标,以及父母有没有就这些目标与孩子进行沟通。

如果在工作中,你接到领导交付的一张满满当当的待办清单,会有什么样的感受?大部分人看到一堆待办事项,只会充满压力,而不是意义感。

但是,一定如此吗?每个成年人看到排得满满的任务表都会感受到很大压力吗?不一定,有些人会两眼发亮,看到任务之后肾上腺素飙升,像公司老板、高校导师、创业者们一般会是这样的反应。之所以会有这样的反应差别在于,他们看到的不是一堆要费心去想、费力去做的任务,而是看到了实现目标的一系列步骤。对他们来说,这些待办事项是拉近现实与目标之间距离的必要安排。

上面两者会有不同反应的区别只在于,任务背后有没有目标。

下面表格中是我儿子道道的假期学习目标,之前列的学习任务都是实现下列目标的必要安排。当这些目标是孩子认可和期待的,他才会对学习时间排表产生认同。

道道学习目标(2月10日~21日,共12天)	
英语	□ Raz-Kids 从 O 级升到 P 级
	□ 每天一本 Magic Tree House。
数学	□ 巩固 12*12 乘法表卡片,所有卡片都背到最熟
	□《逻辑狗》每天学习 2 页,并出题考妈妈
	□ 可汗学院累计学习时长 2 小时
语文	□ 爸爸给念完《纳尼亚传奇》系列的第二本
	□ 完成 10 页摹帖,10 个字的临帖(每天写好一个字)
	□ 从《意大利童话》中挑出 5 个有意思的故事讲给爸爸或妈妈或妹妹听

续表

道道学习目标（2 月 10 日～21 日，共 12 天）	
运动	☐ 陪爷爷奶奶走路 2 圈 / 天
	☐ "一分钟跳绳"从 40 个增加到 70 个。
	☐ 做家务挣到 20 元

对成年人来说，有一个值得追求的目标或值得实现的使命，会让工作和人生都更加快乐、充实。对于孩子更是如此，孩子喜欢玩游戏是因为游戏中精心设计了目标，孩子讨厌学习、听到学习任务就厌烦，常常是因为学习目标出了问题。

目标没有设定好

目标没有沟通好

目标没有跟进

这些跟目标有关的事情，我们不能期待孩子自己搞定，这就需要学习力教练了。关于学习力的第一个要素【目标】，我们就从这三个方面来掌握。

给孩子定一个好目标

我们先来看看下面这些目标都有什么问题：

"多多努力提升语文成绩"

"增加原文阅读量，培养语感"

"两周内完成所有暑假作业"

"6 个月背过 3000 英语单词"

"每天练习跳绳"

作为目标，这些都不合格。

我从前在阿里巴巴管培训，给新员工第一天上课的时候都会强调一个基础习惯：做任何事，在行动之前，先定目标，并且设定的目标要符合SMART原则。

我们常常感叹，定目标的技能不该在工作第一天才学习，应该在幼儿园就训练。

正因为学校从来不教这个，所以大量的人厌烦定目标，害怕讨论目标。

如果我们从小到大接触到的目标都符合SMART原则，那么我们一定会打心底觉得目标是个好东西。

SMART原则源自管理学，强调合格的目标要符合如下五点：

第一，Specific明确具体，不能含混。"多多努力提升语文成绩"这个目标不够具体，"期中考试语文成绩不低于85分"这个目标就是具体的。

第二，Measurable可衡量，也就是定量。"增加阅读量，培养语感"这样的目标没法度量，"每周读两本英语分级读物"就能度量了。你一个月读了8本书，就算100%完成了任务，读了5本就已经完成了目标的60%。

第三，Achievable可实现。一个好的目标，是孩子努努力能够实现的。有挑战性，但挑战又不至于大到令人丧失信心。这需要结合自己孩子的情况在难度上进行调节。"两周内完成全部暑假作业"，很可能对孩子的要求太高了，难以实现。也许父母想的是"期乎上得乎中"，两周做不完的话，三周做完也挺好。但这会养成唱高调的坏习惯，本质上是定目标的时候就不够尊重目标。

第四，Relevant相关性。订立的目标和其他目标或计划有一定关联，不是孤立的。"6个月背过3000个英语单词"，可是背过3000个单词这个目标有什么实际意义呢？如果跟其他任何事情都没有关联，那它更像一件苦差，难以得到发自内心的认可。其实，背单词可以跟阅读更轻松关联，跟考试取得高分关联，跟孩子能帮奶奶解释电器按钮上的英文关联。

第五，Time-bound时限性。没有规定完成时间的目标，不能称之为目标，叫"美好的愿望"更适合。"每天练习跳绳"就没有体现时限，在孩子看来就像一个无期徒刑。如果改成"一个月内，每天练习 10 分钟跳绳，直到能每分钟连跳 90 下"，这样就好多了。另外，年龄越小的孩子，目标时限要越短。五六岁的孩子很难盯着三个月的目标去努力。

应用实例

一位妈妈给上三年级的孩子精心拟定了学习目标，但效果不好。

1. 按时高效完成学校的作业

○ 遇到难题，先自己想，不会时求助妈妈或老师

○ 写作业做到"三个一"：一尺、一拳、一寸

○ 写作业做到"三个不"：头不抬、笔不停、嘴不动

2. 读书：每天至少阅读 30 分钟（早起阅读 30 分钟 + 晚上 8：40 ～ 9：15）

3. 英语阅读打卡：早起学完 20 分钟有效时间，下午学完 20 分钟有效时间

我们讨论之后，这位妈妈对学习目标进行了修改，请注意升级版计划中 SMART 原则的体现。

1. 在 4 月 30 日前，把每天写作业的平均时长从 2.5 小时压缩到 2 小时。

2. 每月读一本《哈利·波特》系列小说，每晚散步时跟爸爸妈妈讨论主要角色的成长。

3. 请爸爸网上搜索或求助专业人士，找到能解决孩子厌烦读英语、排斥背单词的方法。在一周内找到至少 5 条可行的做法，周六晚上家庭会议跟孩子一起讨论和规划。

跟孩子沟通目标

新冠疫情期间，孩子们在家上课，为了督促学习有几位家长建了"互助打气群"，结果没几天这个群就变成了"吐槽出气群"。一位妈妈说，刚开始在家学习的时候，她给孩子精心拟定了学习目标和每日时间安排表，"语数外、读写背，一三五、二四六"。孩子答应得也挺好，可真到学习的时候不催不动，催也不一定动。真可谓不学习母慈子孝，一学习鸡飞狗跳。为什么孩子的主动性这么差呢？

另一家的孩子比较小，刚上一年级，爸爸给儿子制订了每天一页纸的练字计划。结果，只有第一天完成了，后面每天顶多写半页，或者几行。爸爸很生气，要求儿子写不完不准起来。但当看到孩子坐在那儿磨屁股，一副愁眉苦脸的样子，这位爸爸又生气又心疼。最后他干脆放弃管孩子学习了，说反正孩子还小，网课期间就当放长假了。

所以，当我说激发孩子学习的主动性要从定目标开始时，总有些爸妈会说，"我都能猜到我家孩子看到这些目标后的反应……"

在很多父母的经验中，很少有给孩子设定了一个目标，孩子会欢呼"太好了！我有一个目标了！我有奔头了！我有方向了……"的。

你以为这是他讨厌定目标？其实不是的。他只是讨厌你强加给他的目标。

怎样让孩子接受学习目标？爸爸妈妈往往会陷入 3 个常见误区。

第 1 个误区 听之任之 关于学习目标，有些父母完全听孩子的意见，美其名曰尊重孩子。但小学阶段的孩子，自己不可能定出合适的目标，家长若完全由着孩子的喜好来，实际上是放弃了作为父母的责任。

第 2 个误区 强加于人 基本上不给孩子拒绝的权利，当孩子表示不愿意接受目标时，父母想方设法地说服——威逼利诱、金钱诱惑、卖惨诉苦，用各种方式要求孩子接受目标。

第3个误区 只看数字 重分数、看定级——孩子学个钢琴，父母要求得学到几级；孩子学数学，父母要求得考到多少分……

以上这些做法，都跟心理学中的动机理论背道而驰，效果当然好不了。所以，我们在给孩子制订了符合 SMART 原则的目标后，一定要重视跟孩子就目标进行沟通，沟通时要注意三个要点：

自主性 让孩子感觉目标是"我选择"的，一旦他对目标的难度、时限、达成方法等有了选择权，就会对目标更认同。

自主性的根本是尊重孩子，要发自内心地尊重孩子。其实道理不难理解，就像在工作中，如果领导直接扔给你一张表，说我给你订了今年的目标，你要是能完成奖金是多少，完不成的话……这种做法肯定会让你觉得很不舒服，对吧？但我们给孩子目标的时候，却往往会忘记这一点。

"自主性"不意味着完全放手由孩子自己制订目标，那样的话孩子很可能会把目标定在自己的"舒适区"，以现在的能力不怎么费力气就能完成。要和孩子讨论目标，甚至鼓励孩子跟你谈判。

胜任感 让孩子面对目标感觉"我能行"，努力一下是能做到的，而不会觉得太难、太累、太恐惧。

让孩子对目标有胜任感的关键是难度调控。好多父母总觉得制订的目标不难实现：一天 30 道数学题，不难啊；一天背 20 个新单词同时复习旧单词，不难啊；一星期写两篇作文，不难啊……结果发现孩子已经抗拒了，已经恐慌了，不相信自己能做到。

这些父母忘记了孩子才是学习的主体，关键不是你觉得难不难，而是孩子的想法和感受。

教育心理学家研究发现，在"舒适区"原地踏步固然不好，但走得太远，孩子觉得太难，那就到了"恐慌区"。身处恐慌区是更不利于学习的，孩子不仅看到那个高不可及的目标会恐慌，见到你也会恐慌，根本无心学习。

学习通常发生在孩子现有水平往前走一步两步的地方，也就是"学习区"。只要将目标定在学习区，孩子就会有胜任感。

价值感　让孩子通过实现目标感觉"我有用"。注意这里的"有用"，不要说得太大太远，跟孩子讨论一下目标实现后会对他人（尤其是家人）产生什么帮助（他人需要），或者是否会增进和某人的关系（关系连接）。

譬如，你要求孩子数学每天要刷题 30 道，这个目标实现了能怎么样呢？你似乎只能说，做题多了考试才能得高分，以后能进好中学、好大学，再以后能找好工作……对于十来岁的孩子，"几年以后"跟"遥远的将来"是没区别的，这个目标的价值感就体现不出来。

"数学每天要刷题 30 道，然后出一页题考爸爸"，这样的目标，就有点我们说的"价值感"了。至少要做 30 道题，才能熟悉当天学习的内容，才会出题，才能考爸爸。考爸爸这件事，增加了关系连接，孩子就觉得这件事有价值感了。

学英语有什么价值感？可以在母亲节给妈妈写一张英文卡片，可以给奶奶翻译生活中遇到的英文单词，可以给妹妹讲英文故事。

学跆拳道有什么价值感？我儿子学跆拳道快三年了，至今热情不减，每周三早上都会主动提醒妈妈，"今天晚上有跆拳道课，别忘给我带衣服！"他的热情为什么能持续这么久呢？最重要的原因是，爷爷每隔几个月见到他都会问："你学了什么新招式？赶紧教给我！"你看，孩子学跆拳道不是为了考级，什么黑带、红带、蓝带对他意义不大，"教给爷爷"这个目标增进了关系连接，让他觉得"我有用"。

总结一下，激发孩子学习的主动性，从制订一个符合 SMART 原则的目标开始，之后一定要注意跟孩子就目标进行沟通，保证最终确定的目标能让孩子感受到"我选择""我能行""我有用"。

应用实例

　　三年级男孩小林，作文很差，妈妈想让他多练笔，但一跟他商量读书练笔的事情，小林就排斥，根本不愿意谈。

　　后来，小林妈妈遵循沟通目标三原则，最终跟小林说通了。下面看看她是怎么灵活应用三原则的。

【自主性】

　　1. 孩子，妈妈有些困惑，想跟你探讨一下。我最近听了一门课，是关于学习的。学过之后我发现，从前我总是把自己的想法强加给你，所以很多时候你并不乐意接受。现在我知道了，我需要学习尊重你的想法，相信你的判断和决策。但我初学乍练，很多时候肯定还会带出老习惯来。你要是愿意帮我，以后遇到这种情况就给我指出来："妈妈，你这样可是强加你的想法给我啦。"

　　2. 我先说我的想法和期待，以及我为什么这么想。我说这些不是为了强迫你接受，而是希望跟你探讨。你看可以吗？

　　3. 我很期待你的作文能力可以提升。我的理由是：从长远来说，写作有助于整理思路、表达思想，是非常有价值的能力。就眼下来说，作文在语文考试中占比很大，如果你写作文一直这么困难，那必定会拖后腿。

　　4. 为此，我查资料、问老师、咨询专家，给你做了墙上这些计划表、生活习惯记录表。但我刚刚意识到，我没有尊重你的意见。对写作文这件事，你是怎么想的，能说说看吗？

【胜任感】

1. 作文的本质是表达。先有素材，再有思路，再铺展成文。

2. 分解目标，具体到每一步你都觉得自己努力一下就可以做到。咱们一起来试试，怎样分解比较靠谱。

3. 比如，我们的大目标是每周一篇300字的作文。周一，定下话题。周二，我们一起散步半小时，就这个话题瞎聊，聊什么都行，不急着写下来。只要好玩，有意思，随便聊。周三，完成五张便签，每张便签上只要写一个词或一句话就行，这些词可能会出现在后面的作文中。周四……周五……

我们不求用这个方法能马上把作文写到多好，只要这样来个四周，你会发现写作文其实没那么痛苦。你觉得怎么样？你对每天的目标分解有没有不一样的想法？

【价值感】

1. 我能感觉到，一想到要写作文，你就很烦。你知道吗？妈妈也有过类似的经历，就是每年年底一到写工作汇报的时候，我就头疼。不过我比你轻松点，一年只有一次。

2. 后来我怎么解决这个问题的呢？首先，虽然这件事让我很痛苦，但不做不行，不做我的领导会批评我。其次，你爸爸帮我了呀！我写汇报的时候，他陪着我、跟我聊、帮我出主意、逗我笑，还给我捶背。写作文这件事让你这么痛苦，我也想陪你一起攻克。

3. 你希望我怎么陪你呢？

4. 你看这样好不好，你写，我也写，咱们写同一个主题。我们不是比赛，我只是希望能体味一下你的痛苦……哦，你不想这样啊。那这样好吗，你不感兴趣的作文，我替你写，你只要自己誊写一遍就可以交作业？同时，你要想一个你感兴趣的话题来写一篇，比如说，给×××写一封信，写什么都行，然后我陪你去邮局贴邮票寄出去。这个主意怎么样？……

工具【学习目标跟进挂图】

确定了目标，就要跟进。不然目标就是个假大空的笑话，孩子也会养成不尊重目标的坏习惯。但要是每天追问孩子，不仅麻烦而且惹人生厌，所以用上这个工具吧。

举例：为孩子背诵 20 首古诗而定的目标挂图

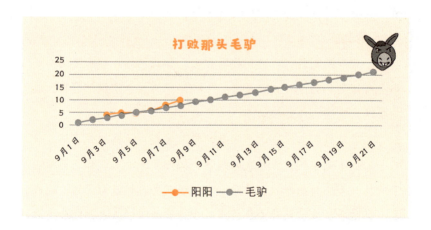

学习目标跟进挂图的要点：

1. 醒目　挂图要够大（A3 纸或 A2 纸大小），最好手绘彩色的，挂在墙上。

2. 简明　只体现目标的关键数据。比如案例中这个挂图，主要体现记住的古诗的数目，而没有体现每天花的时间、背诵的熟练程度等。

3. 胜败　找一个"对手"（可以是真实的，也可以是虚拟的）来体现进度是超前还是落后。在这个案例挂图中，虚拟了一头毛驴，它每天都会背一首古诗，而我们要打败它。

4. 更新　设定一个每天重复的闹钟，定时和孩子一起更新数据。这一点很重要，目标需要天天被提醒。

教练任务

1. 我家孩子现在要定一个关于 ＿＿＿＿＿＿ 的目标

2. 对这个主题具体设定目标，并检查是符合全部 SMART 要求的

☐ Specific 明确具体

☐ Measurable 可衡量

☐ Achievable 可实现

☐ Relevant 相关性

☐ Time-bound 时限性

3. 跟孩子沟通目标

"我选择" ＿＿＿＿＿＿＿＿＿＿＿＿＿＿＿＿＿＿＿＿

"我能行" ＿＿＿＿＿＿＿＿＿＿＿＿＿＿＿＿＿＿＿＿

"我有用" ＿＿＿＿＿＿＿＿＿＿＿＿＿＿＿＿＿＿＿＿

4. 设计"学习目标跟进挂图"草图，然后跟孩子一起手绘大图，贴到墙上。

关于【目标】常见问题

问： 任何学习都要定目标并且做"目标跟进挂图"吗？

答： 并不是。

一个阶段只要定一两个重要的目标并跟进就可以了。目标多了，反而重点不清，顾此失彼。

有些学习，孩子已经乐在其中，养成了好的习惯，那就不用定目标了。

有些学习，现在着急也没用，那么可以暂时放一放，下个阶段再重点定目标攻破。

有些学习，父母心里有目标就好了，不用让孩子知道，不用提醒孩子盯着目标。

有个山东的家庭，孩子英语成绩很差，妈妈开始的做法是：督促孩子完成学校作业，每天陪孩子背单词半小时，每周让孩子上两个小时辅导班。一年下来，孩子提起英语就厌烦。后来妈妈调整了做法：首先降低难度，将目标定为每周学 3 个新单词，且不用记写法，只需认读。每天分三到五次学习加提示，总时长也不超过半小时。为了不让孩子反感，妈妈没有跟孩子强调目标数字，也不强制检测学习效果，只是自己心里有数。几个月下来，孩子找回了自信和兴趣，跟上了班级的节奏。

所以，我们做孩子的学习力教练，不是生搬硬套方法，而是在理解原则和前因后果的基础上，结合孩子的特定情况来实施。

真正的"因材施教"，只有父母才能做到。

问： 孩子根本不愿意跟我讨论目标，我也没办法呀。

答： 那你得先就"让孩子愿意跟我交流"定一个目标了，可以参考第 4 章的【倾听技能】，更好地实现这个目标。

第2章 | 学习力要素【反馈】

孩子的大脑若是雕塑，
父母的反馈就是斧和凿

反馈影响动机

一位妈妈为了让7岁的女儿接受目标，提出每达成一次目标后可以拿到相应积分，累积积分可以兑换礼物。但孩子爸爸强烈反对这么干，说这样会让孩子不再把学习当成自己的事——分内的事就不应该给奖励。

这位妈妈问我，到底谁是对的？

这让我想到一位企业的负责人也曾问过我类似的问题。有一次，我去给江苏一家民营企业讲课。中午聊天的时候，这位负责人说，他去复旦读MBA时，听一位老师在课上讲，董事长就是要抓结果，不用问过程，要学会授权，这叫目标管理。下属实现目标了，你给足够的奖励；完不成目标的，让他走人就好。这位负责人觉得很有道理，回来就用这样的方式管理，给每个层级的负责人定目标、派任务。猜猜效果怎么样？

才半年，几个最能干的中层领导都辞职了。有人走之前，激烈批评这种管理方式。

这位负责人问我，到底谁是对的？

我的回答是：要区分目标管理和简单粗暴的目标管理。其间差别，全在于反馈的设计。

其实前面那位妈妈和爸爸都是对的。妈妈正确地意识到反馈非常重要，爸爸则正确地指出了有些反馈会削弱孩子的学习动力。

　　对一个适宜的目标来说，最好的反馈是完成目标的成就感。你应该在孩子眼中看到自豪。如果你看到的只有疲惫或者孩子对奖赏的渴望，那说明目标或反馈出现了偏差。

　　好的反馈还是在实现目标过程中带来的成长。在为目标努力的过程中，通过我们的反馈，孩子知道哪些是好的做法，要保持、发挥、强化，哪些是要避免的错误做法，要调整、纠正、改善。以及对进度的提醒"已经落后了哦，这样下去，到时候目标就实现不了啦"。——这些，用上"学习目标跟进挂图"，通常自然而然就能做到。

　　奖励或惩罚可以有，但不应该成为跟孩子沟通目标时的重点内容，不应该成为孩子是否愿意追求目标的主要动力。奖励或惩罚设置不当的话，会影响孩子的学习动机。

　　美国一所小学为了鼓励阅读，跟学生们说只要完成每周阅读任务，就可以得到一块巧克力。一位学生的爸爸是行为经济学家，知道这件事后去找校长，说千万不要这样设计反馈，这只会激励出一群讨厌阅读的胖子。因为这样做会让孩子觉得巧克力是最棒的东西，要为它而努力，而阅读成了为了拿到巧克力而不得不忍受的苦工。

　　这就是奖励带来的"动机转移"，本来孩子阅读是为了享受阅读本身，却因为糟糕的反馈设计变成了为了奖励而忍受阅读。很多家庭每天都在上演着类似的情况。

　　那么，什么样的反馈不会导致动机转移呢？这里提供三个思路：**第一个思路，问自己必须设奖励吗？其实有些事情完成本身就是奖励了。第二个思路，让目标完成后的奖励和目标本身是同类。第三个思路，围绕关系（而不是用实物）来奖励。**

　　比如，我们要设计实现阅读目标的反馈，以下这些奖励就不错：

A. 一本新书

B. 搞一个图书中角色形象的化妆派对

C. 读完了就可以给爷爷奶奶讲

D. 完成目标，爸爸陪你讨论这本书

E. 一张兑换券，可以兑换和爸爸妈妈同一个房间睡觉

特别提醒：经常出现的误区是，孩子没兴趣时，父母试图用奖励让孩子感兴趣（或声明惩罚逼他去做）。奖励（和惩罚）的好处是起效快，可以让人勉强去做。坏处是靠奖惩基本不可能让人喜欢上一件事。如果孩子不喜欢，首先要解决不喜欢的问题——也就是学习兴趣，而学习兴趣有三个要素：目标、反馈、难度。奖励（或惩罚）属于反馈，而且只是反馈的一小部分，是最不适合单独用来促进兴趣的部分。

反馈影响自主性

有些常见的反馈，因为家长缺乏考虑，结果适得其反。如下面这些例子：

- 孩子一开始每天读两篇英语短文，乐在其中。妈妈看他读得挺轻松，要求增加到 3 篇，并要求跟着点读笔大声朗读。很快，孩子一篇都不肯读了。

- 每天晚上陪作业，妈妈在孩子旁边盯着，指指戳戳"这个写错了""那个写歪了"。

- 爸爸嫌孩子吃饭慢、边吃边玩，干脆自己上手喂。

- 一个 12 岁的男孩说：每次我正打算做什么，老妈就过来告诉我应该怎么做，我就突然不想做了。

- 兄妹两人玩着玩着闹矛盾了，两个人相互指责。父母远远听到，跑来问怎么了，然后替孩子们做主判断是非。慢慢地，每次孩子一有龃龉就来告状……

这些例子中的反馈有一个共同点：父母的做法都在损害孩子的自主性。要解决这类问题，只能通过训练父母的自我察觉。每次当你觉得孩子

需要帮助或指导时，先忍住，想想自己要说的话会给孩子带来什么影响，再想想如果什么都不说会怎样。衡量过后，再决定是该开口反馈还是要顺其自然。

想要培养孩子的自主性，就要试着延长沉默时间，减少强行插手。

反馈影响思维模式

无论表扬还是批评，我们都在影响着孩子的思维方式。

家人跟你商量一件事，比如假期要不要出去旅游，你回应同意也好，不同意也罢，那就是一句话。

朋友最近遇到麻烦了，跟你倾诉完后，你回应支持她也好，劝说她也罢，那也就是一次或成功或失败的交流。

但孩子的事情，无论是一门课成绩进步了，还是哪天被语文老师批评了，你对他的回应可就不只是几句话、一次交流那么简单了，而是会影响他的思维方式。

为什么跟家人、朋友或其他成年人的对话没有这个长远的效应呢？因为成年人的思维方式早已经定型了：他是更在乎眼前还是更在乎长远，他是先考虑收益还是先考虑风险，他是乐观还是悲观，他是相信人总可以成长还是认为人其实没法改变……早就定型了。无论你怎么说，也许能改变这个人的观点，但是基本无法改变一个成年人的思维方式。

可孩子不一样。

一个人的思维方式，是从小时候开始形成的。

一个孩子的思维方式，是被父母的一次次反馈塑造出来的。

什么叫反馈？孩子做了一件事、产生了一些结果，之后你对他说了什么、做了什么，都叫作反馈。

比如孩子刚上一年级，有一天回来跟你说，今天考试有个题目他不会做，看了同桌的答案，抄上了，老师给判对了。就这件事，如果你的反馈是积极的，他就知道这样做爸妈是认可和支持的；如果你的反馈是消极的，他就知道这么做不对。积极反馈通常就是赞扬,消极反馈通常就是批评。什么都不说,也是一种反馈。孩子会从这个反馈中知道什么?知道你不在乎。

所有做父母的也曾经都是孩子,总结一下,我们自己小时候从父母那里得到的反馈有哪些特点呢?下面这些可能是有共性的:

我们小的时候,父母的反馈中批评多于赞扬,不注意孩子的感受,甚至随意把自己的情绪发泄到孩子身上。

我们这代人长大了,成了父母,有一部分人延续了老一代的做法,但更多人会反思儿时的经历,发现在批评和苛责中长大的孩子,更不快乐,更没自信,也更难维持健康的人际关系。于是,决定要反着来。怎么反着来呢?那就对孩子多表扬、多鼓励、少批评,特别注意孩子的感受。

这么做效果如何呢?也不一定尽如人意。一位妈妈想鼓励孩子参加英语演讲比赛,跟孩子说"你是最棒的",孩子当时直接怼回来:"你别老是说我很棒行不行,我知道我根本就不棒!"

所以,重点不在表扬更多还是批评更多,在于要意识到我们习惯的表扬或批评过于偏向对人的评价或对结果的关注,而要打造孩子优秀的思维方式,必须关注过程。

回想一下,我们平时的表扬中,常常脱口而出的是不是下面这些话:

你真聪明!

你真是个好孩子!

你跳得太好了,像公主一样!

这篇作文写得真棒,我拍照发朋友圈了!

全对!一道都没错!你真是个数学天才!

……

不难发现,这些反馈都是对人的评价或对结果的关注,这样的反馈会塑造出孩子怎样的思维方式呢?

在纽约的一所小学,几十个孩子被分成两组玩拼图游戏。第一轮拼图比较简单，两组孩子都很快完成了。老师们给出了不同的反馈，夸第一组孩子"你们真聪明"，对第二组孩子则说"你们真是很用心很努力"。

之后，在第二轮拼图前老师请孩子们自己选择游戏难度。结果，被夸奖"聪明"的那组孩子，大都选择较容易的拼图，而被夸奖"努力"的孩子更愿意尝试较高难度的拼图。

第三轮拼图时，老师给两组孩子的都是难度极高的拼图，所有孩子都没完成。但两组孩子面对挫折的态度天差地别：前一组孩子更容易放弃而且很沮丧，后一组孩子更倾向于不断尝试。

设计这个实验的人叫卡罗尔·德韦克（Carol S. Dweck），她是斯坦福大学的心理学教授。基于很多类似的实验数据，德韦克教授发现了思维模式的秘密——思维模式分为"成长型思维"和"固定型思维"，不同的思维模式对一个人的影响非常深远。她的研究结果以前所未有的速度被美国教育界接受，不到十年就推广到几乎所有中小学。

罗伯特·斯滕伯格（Robert J. Sternberg）是最伟大的认知心理学家之一，他评论说，仅仅知道这两种思维方式的区别就可以改变人的一生。

固定型思维认为人的智力、能力是天生的，很难改变。成长型思维则相信通过奋斗、学习可以让自己不断变得更好。

如果孩子得到的反馈总是关注结果的或对人的评价，他会慢慢形成固定型思维。如果孩子常常得到对过程的反馈，则会塑造出成长型思维。两种截然不同的思维方式会深刻影响人的一生。一个人在学习、生活、工作中每次遇到挫折、挑战、障碍，都将会做出不同的选择：固定型思维的人更容易逃避和放弃，把精力放在指责他人或者自责上；成长型思维的人相信可以通过学习和努力来改变，从来不停止改进和尝试。

最关键的是，一个人是哪种思维方式是何时形成的？青少年时期影响最大，主要由父母和老师的反馈塑造而成。

"你真聪明！""你真棒！""你真是个好孩子！""你跳得太好了"……孩子确实做得好，但是这样的积极反馈只会让孩子觉得结果是最重要的，而且结果是跟对个人的评价绑在一起的。结果好，我就是一个能干的人，我就是一个聪明的人，我就是一个讨爸爸妈妈欢心和骄傲的人；否则，我就不聪明、不能干、不像公主、不是天才了。

怎么样能够保证结果好？挑有把握的事情做，挑简单没挑战的事情做。进而，如果遇到困难，孩子就倾向于放弃；如果遇到争执，孩子就会倾向于退出。

这就是德韦克的实验最震撼的结论：**我们不经意的反馈，日积月累，对孩子的底层思维有如此大的塑造能力。**

孩子的大脑若是雕塑，我们的话语就是斧和凿。兹事体大，不可不察。今后，当你发现自己想说的话是对结果的反馈时，停一下，嘴角保持微笑，同时快速加工一下即将出口的话语，尽可能地把它变成对过程的反馈。

对人的评价或对结果的反馈 ——塑造"固定型思维"	对过程的反馈 ——塑造"成长型思维"
你真聪明！	你尝试用不同的策略来解决这个问题，这一点我很喜欢！
你真是个好孩子！	今天你主动把绘本和玩具都收拾了，还打扫了房间。
你跳得太好了，像公主一样！	这半年来，你每天花在舞蹈上的时间都超过了半小时，你付出了这么多努力，我们在今天的表演中都看到了！
这篇作文写得真棒，我拍照发朋友圈了！	这篇作文能看出你遣词造句的精心，用哪个词都是花了心思的。
全对！一道都没错！你真是个数学天才！	看来这些题目对你来说没有什么挑战性，我们再找些能让你的大脑真正发挥水平的题目吧！

注意表格中最后一个例子，打造成长型思维不等于一味地表扬孩子。比如你给孩子一组数学题，他很快做完了，而且全对。这时你需要意识到，孩子是在做他已经驾轻就熟的事情，所以并没有成长，没有学习到任何新东西。他的时间被浪费了。

过度关注做题正确率是一个错误的导向，因为正确率可以用降低题目难度来实现。如果想让孩子得到真正的学习，那就不要太关注正确率，要强调在错误中取得的成长。平时的练习注意匹配适当的难度，让孩子有错误出现，又能够从错误中得到反思和训练。无论学习还是人生，孩子未来都会遇到失败的时候，我们希望他不要把犯错当成对自己的否定，而是看作促进成长的机会。

所以我们要加工出案例中那样的反馈，让孩子知道，太简单太容易的事情，以及没有挑战性的题目，不值得做，做好了也没有什么好骄傲的。

同样，当我们需要给出一些消极反馈时，可以这样对要做出的反馈进行加工：

对人的评价或对结果的反馈 ——塑造"固定型思维"	对过程的反馈 ——塑造"成长型思维"
用点心好不好！怎么又搞砸了呢？！	这个法子看来没用。你觉得具体是哪儿出的问题？还能有其他什么法子？
没关系，我知道你尽力了。	我们一起回顾一下最初的目标…… 确实没能实现目标。那么，你从中学到了什么？
可能你没有学钢琴的天分。	分解练习！寻求反馈！不断修正！每天你都会离目标更近一步。
你怎么这么不听话呢！	你做了一个选择，这是个不好的选择。以后你会有什么不同的做法？

当然，上面的表述大家不需要一字不差地照搬，只要细细体会两种反馈的区别，揣摩不同说法对孩子的影响，相信你就会知道该怎么给自家孩子正确的反馈了。

你会发现这种反馈方法每天都有应用的机会。每一次，每一天，孩子的思维模式都在被我们的反馈塑造着。

工具【反馈话术参考模板】

相信大家已经理解了反馈的作用，不过我也理解大家的难处，就是我们日常给孩子的反馈仍然会习惯性地脱口而出。因为很多时候我们自己的思维方式就很难改变。这里给大家提供一个"反馈话术模板"，可以拿来就用，大家不妨尝试一下。

反馈话术参考模板

我注意到你……

看你在××方面取得了多么明显的进步啊！

我发现你这次作文跟上次比，有两处明显的不同：……

爸爸很佩服你在××方面付出的努力，虽然做这件事很难，但你没有轻易放弃。

我发现你真的很喜欢学……

如果换一个做法，还能怎么做？结果会不一样吗？

你的思路是对的，同时可以考虑一下……

你的想法里有一点特别有新意，是……

我很喜欢你尝试的这个方式，我觉得以后我也可以这么试试。

其中对我特别有帮助的一点是……

刚才你说的三点很棒。还有一点，如果怎样怎样还能有所提高。

我也遇到过特别难的事，后来我做了哪些努力/尝试了哪些新方法/寻求了哪些帮助……

你可以把这个模板打印下来或抄下来贴在床头，每天提醒自己，直到习惯给孩子这样的反馈，这样在潜移默化中塑造孩子的成长型思维，孩子必定会更积极，更乐观，更自信，不怕学习中必然会有的失败和挫折，也更乐意迎接挑战。

教练任务

1. 结合本章内容，整体评价自己和育儿合伙人的反馈技能更接近下列哪种情况？

　　A. 奖惩设定缺思路，日常反馈不过脑，经常评价人和结果。

　　B. 平时对反馈的效果有所注意，但欠缺科学的一以贯之的思路。

　　C. 我们已经做得挺好了。

2. 我们家常常给孩子的奖励或惩罚是 _____

　　_____

　　如果要改为同类的奖励或关系类的奖励，可以是 _____

　　_____

3. 自己或育儿合伙人的哪些反馈是需要忍住的 _____

　　_____

4. 最近某次我给孩子关于结果的反馈 / 关于人的评价，现在参考"反馈话术参考模板"，其实最好这样说 _____

　　_____

关于【反馈】常见问题

问：我一不留神说了"你真聪明"，怎么办？

答：说了就说了呗。总比一不留神说了"你真是笨死了"要好。

我们强调了反馈对孩子思维方式的长远影响，但也别太担心，还不至于父母几句话就给孩子造成不可逆转的伤害。他们有适应能力，也有自我调节能力。就像养花，一次两次忘浇水了或者肥料给多了，花儿不会马上赌气死掉。

能够发觉自己给孩子的反馈有需要改进之处，这是好事，是我们进行反馈改进的第一步。如果能在脱口而出后马上反应过来，及时加工反馈并对细节进行补充，那就好了，譬如"你真聪明！我注意到你……"

问：我觉得孩子其实不够努力，还怎么称赞他努力呢？

答：首先，关于努力（细致、坚持……）的评价，主要是跟孩子之前的表现来比，而不是跟父母心中的标准来比。比如孩子跳绳练习了4分钟，算是努力吗？重要的不是你觉得他应该跳几分钟才算努力，而是跟他上一次练习的时长和数量比，"昨天跳了3分钟120个，今天跳了4分钟，多跳了30个"。

其次，如果孩子确实不够努力，那就不应该"称赞他努力"，可以说"今天不如昨天跳得多。不如你休息一下，我跳5分钟，然后你再练"。归根结底，反馈是为了促进孩子成长型思维的发育，而不是为了变着法称赞孩子。

问：为了让孩子帮忙做家务，我奖励他玩游戏，这是不是会带来"动机转移"？

答：孩子本来爱做家务吗？如果本来就不爱，那就谈不上动机转移，而是很正常的"付出劳动，获得回报"。

有个6岁的孩子，有点沉迷游戏的倾向，整天跟父母念叨着要手机玩游戏。他妈妈想了很多办法，其中有一条就是"用家务时间换游戏时间"。比如孩子今天扫地、擦桌子、收拾餐具，共干了20分钟家务，那他就可以兑换20分钟玩手机游戏的时间。这个规则是可行的，注意这个规则与"奖励"无关，而是"交易"，从而让孩子认识到玩游戏不是一种权利，而是一种特权，是要通过付出挣得的。

第 3 章

学习力要素【难度】

适宜的难度会带来内驱力

没有挑战就没有乐趣

你认为孩子的天性是躺在舒适圈，还是迎接挑战？

如果你被孩子在学习上的问题折磨久了，很可能会认为他喜欢待在舒适圈里，其实不然。

一位妈妈讲了她的苦恼：孩子的英语学习资料主要是《牛津阅读树》（Oxford Reading Tree）系列，这套学习资料很有名，主要特色是分级做得科学细致，一共分了 16 个级别。问题是，儿子常常不耐烦，嚷嚷什么时候进入下一级，怎么能快点到下一级啊。

这就是不愿意在舒适圈待着的孩子，他们总想迎接挑战。（顺便说一句，像这种分级阅读，确实不建议急着晋级，鼓励孩子在同一难度下进行更大量自在的阅读，效果会更好。）

你可能会说，这种孩子是从小教育得好，并不见得天性如此吧？！仔细想想，你还记得孩子小时候的事吗？

我还记得女儿四岁的生日礼物是一辆小三轮车。她最开始有点怕不敢骑，后来骑动了，很开心，每天都骑，说自己是快递员，那是她的快递车。又过了几天，她就开始折腾花样了，先是越骑越快，之后尝试松开一只手，再尝试松开两只手拐弯。最后，她尝试松开两只手，再悬空一只脚，同时180度掉头，竟然成功了！她特别得意，要表演给所有人看。

你家孩子有没有做过类似不断挑战自我的事？

可能有些爸爸妈妈还是会说，这是玩，学习上的事儿就没有这么大劲头了。

可是，这不就是学习的过程吗：不断练习，突破新难度，解锁新技能。学数学是不是差不多的过程？学英语是不是差不多的过程？

难度与心流

为什么挑战会带来乐趣？准确地说，是难度适宜的挑战会带来乐趣。这涉及一个非常普遍的心理学现象：心流（flow）。

什么是心流呢？就是这样一种状态：你尽力做一件事情，整个人完全沉浸其中，时间不知不觉就过去了。你可能有点累，但状态很好，完全不想停下。

回忆一下，你经历过这种状态吗？可能有，你工作的时候，你做菜的时候，你健身的时候……有时会进入这种高效忘我、欲罢不能的境界，那就是了。

你见过孩子处在心流状态的时刻吗？我女儿学三轮车就是，她挑战新技能时是全身心投入的。她心里有一个目标，比如今天要做到两只手都不扶车把，还能转弯。在每一次练习时她都高度专注。三轮车会给她反馈：你做对了，就离目标更近一点；你做错了，就会摔倒。当然，不能摔得太多太狠，难度太高她就望而生畏了。

当孩子学习一样东西投入进去的时候，就处在心流状态。

有人说孩子看电视上瘾，看动画片时就是这样完全投入、忘记时间的状态。注意，这个不算心流，因为孩子并不是在"尽力做一件事情"，他只是在被动地看。但有些孩子打电子游戏上瘾，那确实在心流状态。因为游戏设计者已经竭尽所能地斟酌过游戏的目标设定、反馈机制和难度调试，以实现让玩家快速进入并保持心流状态。

为什么沉迷游戏者众，上瘾学习者少呢？心理学家米哈里·契克森米哈赖（Mihaly Csikszentmihalyi），被称为"心流之父"，他用一张图说明了这其中的关系，即只有当技能与挑战恰好匹配时，才能进入心流状态。

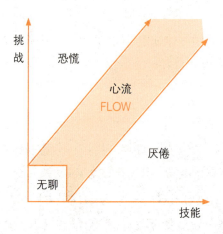

当你做一件事情时，如果自身技能水平很低，这件事又没什么挑战意义，你就会觉得无聊、没劲。你可以试试拿一副扑克牌，拉上你家孩子玩比大小，谁抽的牌点大谁赢。这个游戏不需要技能，也没啥挑战，一般孩子玩个五分钟就觉得没意思了。

当你的技能大过你所面对的挑战时，你可能很快会感到厌倦。比如，给一个十岁孩子看全是简单图形没几个字的低幼绘本，他翻几页就扔下了。

当你面对的挑战超出了你的能力范围时，你可能会因为力不从心而恐慌、焦虑。很多时候孩子拒绝学习就是这个原因，他觉得自己的技能不足以应对挑战。

我儿子道道，上周有一个英文写作的作业，把他给难哭了。写作要求是：想象一下，早上醒来，你发现自己变成了一只蜜蜂，你会怎么样？你的一天会怎么过？

开始我没有想通，他怎么会觉得这么难呢？问了才知道，他不是觉得写英文作文难，而是对蜜蜂的习性一无所知。

我就跟他说："这个作业不是要考你对蜜蜂的生活有多了解，而是想激发你的创造性思维。你想啊，你晚上洗了澡，然后跟爸爸妈妈道了晚安，正常去睡觉了。结果早上一睁眼，发现你的手没了，变成了翅膀，你也没法说话了，只能嗡嗡嗡地叫，你成了一只蜜蜂！这时，你会有什么样的感受，又会想些什么呢？"

儿子问："那我醒来时，是仍然在我自己的床上呢，还是在一个蜂窝里，跟其他蜜蜂在一起呢？"

我说："都可以，只要你能结合设定自圆其说就行。"

儿子的眼睛亮了。因为他知道，他的技能足以应对这个挑战。后来他连写带画，作业不到半小时就完成了，他还开心地给我们讲了他编的故事。

这就是实现心流的状态：难度适宜，感觉自己尽力就可以应对挑战。

我们希望孩子的学习，尽可能多的处在这个状态。

这就需要充分了解孩子在各个科目的技能水平，了解学习任务给他带来的挑战到底是过大、过小，还是适宜。

理论上，调查技能水平和匹配难度最好由老师来做，实际上，只能由父母来做。

教育工业下的反求诸己

我听到过很多父母对学校的抱怨。大部分都有道理，但归根结底，在于对学校有不切实际的期待。我们得理解，学校教育实际是工业，学校教育也只能是工业。

宏观上说，国家设置学校教育（尤其是中小学教育）的首要目标是让所有适龄国民能够在有限的教育投入下得到基本的教育，其次是考虑教育公平，再次考虑为各行业培养人才。所以，只能是整齐划一的教材和教学进度，而不会针对每个孩子的技能进度进行个性化调整。

微观上说，当一位老师面对的孩子超过十几个时，精力上就做不到因材施教（根据学生的能力而调整教法和匹配难度），只能因教材施教（因循教材和教学大纲而教）。

这就是教育工业，滚滚洪流，孩子和家长都被裹挟其中，不由自主地依同一个步伐奔走。

真正的教育不应该是工业，因为人和人差别很大。有的孩子在 7 岁时就能熟练掌握四则运算，但英语只认识字母。有的孩子在艺术上有志趣天分，但一背古文就哭……每个孩子发育有先后、学科有长短、兴趣有差别，但没办法，都必须按照规划好的教学进度走。

学校没办法，老师没办法。

父母应该想办法。

只要对"教育"这件事有一点独立思考的人大多数都会认同：授课应该因材施教，进度应该因人而异，难度应该匹配能力。

教育应该是农业，孩子是待成长的种子，而不是流水线上待切削的零件。

到底是无差别的工业教育，还是因材施教的个性化教育，关键就在难度的调节。

有段时间一个叫《健身环大冒险》的健身游戏火爆网络。在暑假的两个多月里，我们家两个孩子天天玩得痴迷。从前，想让他们放下书去公园跑一会儿，得劝说半天，如今每天早上起来抢着去锻炼一小时，跑得一身大汗才肯回来吃早饭。

问题是，同一个健身游戏，不仅孩子喜欢玩，我和孩子妈妈也爱玩，可以想象这对游戏设计者提出了多高的要求：同样是锻炼，6 岁女孩跟 40 岁男性的技能肯定不一样，哪怕年龄相同的人，平时锻炼习惯、心肺功能、肌肉群强弱分布也都天差地别。这比炒一盘要符合所有人口味的菜还困难。

设计师的用心之处就在技能调查和难度调整。每个人有自己的账号，初次进入游戏，会请你输入自己的性别、年龄，以及锻炼习惯的自我评估，在此基础上提出一个适合你的强度要求。之后每次打开游戏，都会问："你觉得上次的强度怎么样？要不要调高一点或者调低一点？"

在一个理想的世界里，我们的孩子初次入学时，老师们也应当有这样的调查和匹配。在每门课的每次考试后，老师们也应当问问孩子："你觉得这次考试的强度怎么样？要不要数学难度调高一点，作文要求调低一点？"

但在现实世界里，只有父母才可能为自己的孩子做技能调查和难度匹配。

所以，无论孩子的课业还是课外学习，我们都要**细观察、常询问**。

观察孩子今天是迫不及待地要开始学习吗？还是开始用各种方式拖延了？在接送孩子的路上，孩子还在跟你念叨他得意的成长、训练中的趣事，还是无精打采？

询问孩子对某项学习感觉太难还是缺乏挑战。我儿子用记忆卡片背单词和背例句的时候，最开始连续十天，我每天都问他："你觉得每天背 10 个单词是多了还是少了？"他说："我觉得可以再多点儿。""那我们调到 30 个？"过一天再问他："30 个是多了还是少了？"他说："有点多了。""那调到多少个呢？要么调到 20 个吧。"

只有父母能给孩子提供这样个性化的难度调试，把握孩子是不是在尽力后刚好可以应对挑战。

调整难度与分解目标

你可能会有疑惑，这里说的原则我认同，但毕竟孩子学习是要完成老师的要求、进行统一考试的。对孩子能力有余的科目，要增加难度，可以给他报课外班；但对短板科目，难道我能单独给他降低要求？

其实，对孩子的短板科目，不是简单地降低要求，而要规划更平顺且循序渐进的个性化进阶之路。这往往需要分解目标。

就像一群孩子游泳，你看到其他孩子都泳姿矫健，自己家孩子却只能在浅水区扑腾。这时你是生气责骂逼他赶上，还是任他不思进取开心就好？一般情况下这两种你都不会选，而是会帮他分析不敢进深水区的原因是能力不够还是心里害怕，然后帮他借个浮板开始训练，再做个六周的训练计划，一步步提升游泳技能。

所以，**调整难度不是把高目标降为低目标，也不是把大目标拆成小目标，而是把目标分解为让孩子感觉可控的一系列子目标。**

举个例子，你给自己定了一个减重目标：两个月减 2 公斤。什么是合适的目标分解呢？每周减 250 克，怎么样？不对！这个目标变小了，但仍然是不可控的。正确的分解是落到每日饮食摄入热量和每周锻炼时长。这是可控的，能做到的。

你要让孩子睡觉，孩子说我睡不着。他心里其实是害怕"我做不到这个"。那怎么降低难度呢？不是说"你 10 分钟睡不着，那 20 分钟也好"，而是把目标分解到"你只要闭上眼睛"和"身体不扭来扭去"，这就是可控和能做到的了。

一位二年级的孩子，特别怕写作文，目标"三天写一篇作文"是在他的恐慌区，那么把目标订成"一周写一篇作文"，他就能做到了吗？没用的，他还是一想到写作文就难受。合理的目标分解可以是这样的：第一天攒素材，关于这个作文题目你能想到的任何东西，写到卡片上。第二天串草稿，把前一天写在素材卡片上的内容调整顺序、组织连贯，使之成为草稿，无论这个草稿是说出来还是写出来都可以。第三天写作文，这时候只要把打好的草稿落在作文纸上就行了。这样分解之后，第一天的目标能做到，第二天的目标能做到，第三天的目标也能做到。

如果你感觉做不好这样的难度调整，那也很正常，因为自己会游泳的人，不见得擅长教游泳；自己能写作文，也不见得能帮孩子做好写作文的目标分解。父母可以考虑请教专业人士，说明孩子的技能情况，请他为孩子设计个性化的训练方案。

一位北京的四年级孩子，上着两个课外班，一个奥数班，一个书法班。书法是他的短板，所以他爸爸会跟老师说明孩子的基础、在家练习的情况、学校的要求等，向老师询问针对性的建议，老师上课时也会给他个别的关注和指导。而数学是他的强项，所以他爸爸从来不管他奥数班是怎么学的，只在接回家时简单聊聊，只要没有失去兴趣就好。

 工具【学习计划促进表】

这是一张神奇的表格，综合了目标、反馈、难度三个学习力要素，孩子学习英语、学习数学、学习跳绳、学习书法、学习舞蹈……居然都可以用这张"学习计划促进表"。

学习力要素	要点	内容
明确的目标	SMART 我选择 我能干 我有用	
及时的反馈	鼓励的行为一：练习时长	
	鼓励的行为二：基本动作扎实	
	奖励（小心动机转换）	
适当的难度	分解目标	
	细观察，常询问	
	请专业人士单独指导	

三个学习要素相互配合，促进孩子学习时持续在心流状态。

下面以一个孩子学乒乓球的"学习计划促进表"作为示范。

学习力要素	要点	内容
明确的目标	SMART 我选择 我能干 我有用	长期目标是三年级进校队。 短期目标是3个月后可以和父母对打，互有输赢。

续表

学习力要素	要点	内容
及时的反馈	鼓励的行为一：练习时长	每练习半小时，计3分。
	鼓励的行为二：基本动作扎实	视频复盘，每个进步计2分。
	奖励（小心动机转换）	每60分，奖励一次正式比赛。
适当的难度	分解目标	3个月内，每个月练习时长20小时。
	细观察，常询问	问孩子是太难还是缺乏挑战？观察孩子是否有热情，关注点在哪里。
	请专业人士单独指导	一定要关注教练能否提供个性化教育。

就这样一张表格，无论孩子学英语阅读分级读物，还是提升数学成绩，或练跳绳，等等，都可以用来促进提高。

教练任务

1. 回想孩子学习时，更多时候是处在下面的哪个状态？

A. 挑战太大，技能不够，处在恐慌或者自我怀疑状态。

B. 挑战和技能相匹配，处在心流状态。

C. 挑战很小，技能绰绰有余，处在厌倦状态。

2. 相比于学校的教学进度，孩子刚好匹配得上进度的科目是

_____

孩子超前于学校要求的科目是_____

孩子落后于学校要求的科目是_____

（尽量不要简单地写"数学""语文"，用诸如"心算的正确率""课外书的阅读量"之类的具体问题描述。）

3. 对孩子的长项，怎样给他增加挑战，让他更兴奋_____

_____

4. 对孩子的短板，怎样分解目标，让他有可控感_____

_____

关于【难度】常见问题

问：我和儿子在餐厅吃饭，他说想喝雪碧，我说你去前台跟服务员姐姐要一瓶吧。他死活不肯自己去，一直说"你去说吧"。我说你要喝饮料就自己去说，当时我们坐的位置和前台也就距离三米左右的样子。但他就是不肯去，我说我能怎么帮助你呢？他也不吭声，露出不想自己去说的痛苦表情。

答："服务员就在三米外，过去跟她要瓶雪碧"，这事容易还是难？

注意，这个问题没有标准答案。对一个普通成年人来说，很容易；对一个聋哑人来说，很难；对六七岁的孩子来说，因人而异。

我们学习力要素中强调的难度，一定是孩子觉得的难度，而不是父母觉得的难度。

这是学习力教练要训练的基础意识。无论对学习还是其他事情，父母往往以自己对难度的判断来替孩子判断，"怎么这么容易的题你都不会做呢？！怎么其他孩子都做到了就你这么磨叽呢？！"

遇到问题，先理解孩子，这对他来说可能就是一件很难的事情。然后，父母再有意识地花心思、想办法分解目标："我把服务员姐姐叫过来，你只要跟她说6个字'我要一瓶雪碧'，可以吗？""我们一起去找服务员姐姐，我帮你说'我要一瓶雪碧'，你说'谢谢姐姐'，可以吗？"……完成之后，跟孩子认真地探讨："其实我很好奇啊，就是刚才你不肯去找服务员姐姐，那时你的情绪是怎么样的？"

问：我一直引以为豪的是我家娃特别喜欢阅读，在阅读上我就没怎么费过心。但现在知道，对于长项也应该增加挑战，具体到阅读上我可以做什么呢？

答：恭喜你，喜爱阅读是非常有价值的习惯。至于父母还可以做些什么，可以参考本书【终身阅读】这一章。

第4章 教练自我修炼之【倾听技能】

这样成为孩子最喜欢的老师

父母是孩子学习力的基础

在一次课间休息时，一位妈妈找到我，说她越学越沮丧，觉得自己的孩子没救了。在课上每学到一个新的学习力要素，其他爸妈都喜不自胜，忙着讨论怎么用在自己家中，而她想到的是，自己的孩子一定非常抗拒。

类似的，你可能会发现下列情况也在你们家出现过：

- 我想跟孩子讨论一下目标，可他根本不听。
- 我现在一想到孩子的学习就头疼。
- 孩子不像幼儿园那么快乐了，也不愿意跟我说话。
- 现在他爸已经放弃鼓励引导他了，对孩子要么冷嘲热讽，要么发怒威胁……
- 孩子突然蹦出一句："你们只在乎考试成绩，根本就不在乎我"，把我吓了一跳。
  ……

造成类似现象的原因不一而足，但本质共通：父母们往往会忘记，在一个孩子的所有需求中，与学习相关的事物都属于"高层建筑"，用马斯洛需求层次理论（Maslow's hierarchy of needs）来理解的话，就是学习这件事显然不属于基础的生理需求、安全需求或社交需求。

但是，往往父母会用伤害孩子基础需求的方式来行使意志，逼孩子重视学习：

——日复一日地陪作业发脾气，月复一月因成绩给脸色，让孩子觉得父母的爱完全取决于成绩，从而伤害他们的社交需求。

——日常沟通更多是指责和不满，遇到矛盾时选择和老师站同一立场，让孩子觉得家并不是安全的地方，从而伤害他们的安全需求。

——不做完作业不能吃饭，不完成任务不能睡觉，伤害孩子的生理需求。

……

我们不能因为这些做法极其普遍，就认为问题不大。恰恰是因为这些做法极其普遍，才导致家庭问题极其普遍，青少年的厌学情绪极其普遍，叛逆和抑郁的发作越发低龄化。

我们用"包子模型"说明了学习力与学习成绩的关系，但对很多出现了类似问题的家庭，还要把更基础的层面考虑进来：

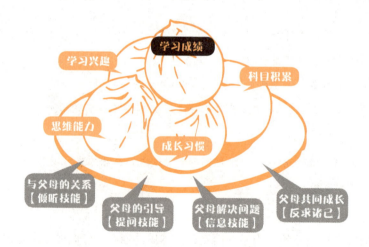

包子由盘子承载，如果盘子不稳，那老盯着包子不可能有用处。

如果孩子拒绝跟你进行与学习有关的沟通，那你首先要考虑的不仅不是孩子的学习成绩，也不是孩子的学习力，而应该着力重建与孩子的关系。

孩子的学习力是学习成绩的基础，而父母的做法是孩子学习力的基础。

所以，父母要成为孩子的学习力教练，需要有四项自我修炼：

——修炼倾听技能，以修复关系、带来信任。

——修炼提问技能，以引导思考、升级思维。

——修炼信息处理能力，以现学现卖、解决问题。

——修炼反求诸己能力，以终生成长、言传身教。

因此，我们在每一类学习力后面，专门加了一章教练的自我修炼。

积极倾听，成为孩子最喜欢的老师

通过下面这个图表来自测一下和孩子关系的健康度吧。

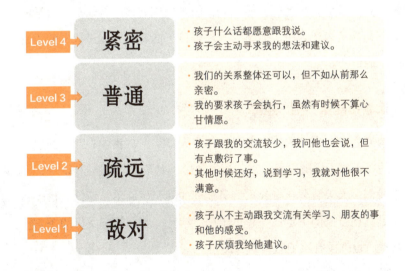

——你和孩子的关系处在第几层？你的育儿合伙人和孩子的关系又在第几层？

回顾自己的学生年代，我们大概会有这样的印象，自己喜欢哪位老师，哪一科的成绩就特别好。老师受学生喜爱会有一些共通的原因：不一定对我温柔耐心，但一定尊重我；不一定对我偏爱有加，但一定理解我；不一定对我从不说教，但一定懂得倾听。

可悲的是，有些父母一步步把自己变成了孩子最讨厌的老师。

父母说的很可能是对的，但如果给孩子的感受是你对他不够尊重、不够理解，对他的话不能耐心倾听，那么你的所有智慧和聪明，只会把孩子推远。

所以父母要训练自己倾听的技能。只有这样，才能让孩子感受到你在尽力尝试理解他，把他当作一个平等独立的人来尊重。然后，你会成为他最喜欢的老师。然后，你"智慧的话语、聪明的言辞"才能进入他心里，从而真正成为孩子的学习力教练。

做孩子的学习力教练所需要的倾听技能，不仅仅是我们通常理解的不打断、认真听。这里说的倾听，不只是为了跟孩子沟通，更是为了成为孩子最喜欢、最信任的老师。所以，我们要修炼的倾听技能是要说话的——说话不是为了表达自己，而是为了理解孩子的想法、促进孩子的表达、赢得孩子的信任。

倾听技能第一招：意译

沟通之难，最难的在于意识到每个人都是"自我中心"的，这一点会在表达中不知不觉就显示出来。为人父母，尤其难以克服自我中心的倾向。因为我们一天天看着孩子长大，对他们的幼稚、简单、任性一目了然，我们总是发现自己的决定比孩子更正确。毕竟，若是没有父母的矫正、要求和管教，也就没有孩子的顺利成长。

但孩子在慢慢长大，他的自我也在日益强大，主要表现为越来越不愿意听父母的话，哪怕明知父母说的是对的。

除非父母能先听他的。

我们不必在心理层面剖析更多，只需知道，要想让孩子更好地听进我们的话，最好的办法是让孩子感受到，他的想法已经完整表达且得到了充分理解。

"意译"就是为了实现这样的效果。具体做法是，在孩子表达后，我们用自己的话把孩子的意思重复一遍，然后用提问来确认。

什么时候就算意译完成了呢？直到孩子说"对，我就是这个意思"。

举几个例子：

孩子：新的语文老师比以前的葛老师厉害，但她的课很有意思。

妈妈：你是觉得新老师如果能温柔一点就更好了吗？

孩子：不是，我挺喜欢新老师的，她会让我们讲故事。

妈妈：哦，所以就算她有点厉害，你也喜欢她。我理解的对吗？

孩子：对呀，我现在每天最期待的就是语文课了。

孩子：妈妈，我不想上幼儿园了。

妈妈：你是不喜欢新幼儿园吗？

孩子：是，我想回到我原来的幼儿园。

妈妈：你是想原来幼儿园的同学和老师了吗？

孩子：嗯。

孩子：运动会的项目好多啊。

爸爸：你是觉得种类太多、太累了？

孩子：不是，我觉得这么多可以抽到很多不同的项目。

孩子：这本书我不想看了。

妈妈：哦，这本书不好看吗？

孩子：不是。

妈妈：看来你觉得这本书让你觉得有难度，是吗？

孩子：是的，因为好多字我都不认识。

孩子：我不想写作文。

爸爸：你是觉得作文没思路吗？

孩子：不是，很多字我都不会写。

爸爸：那爸爸坐旁边，随时写给你，怎样？

孩子：好的。

很多人会有这样的疑问：我知道孩子希望我理解他，但没办法，我就是没法同意他的想法怎么办？

这是混淆了"理解"和"同意"的含义。意译的作用是让孩子觉得父母很希望能准确理解他，从而感受到尊重。至于理解之后是否同意，那是另一个问题。

倾听技能第二招：认可

一位心理咨询师说，有些"孩子"用半辈子来寻求父母的认可，再用半辈子去跟心理医生吐槽父母。她感慨，父母为什么如此吝啬于给孩子认可，明明既不花钱又不费力。

我说，其实，做得好的认可，是需要费一点点力气的。

因为孩子们需要的认可，不是在特别的时刻说出的"孩子，我为你骄傲"，而是日常沟通中一点一滴积累起来的感受。

日常沟通中，当孩子表达出一个想法或观点后，父母的反应按同意程度无外乎以下三种：

A. 意见一致，完全同意孩子说的。

B. 意见不完全一致，也就是部分同意，部分不同意。

C. 意见相反，完全不同意。

先回想一下，父母不花力气的反应是什么样的？

意见一致，会说"好的""是的"。——孩子很可能会觉得你在敷衍。

意见不完全一致，会说"但是……"，也就是直接强调不同意的部分。——孩子很可能觉得你跟他完全是对立的。

意见相反，会说"你这样不对 / 不行"。——孩子会觉得自己被完全否定了。不仅自己的想法被否定，而且动机、思路、感受都被否定了。

你看，做父母也很难，明明只是对孩子的意见表达一下自己的看法，孩子却觉得没有得到认可，小小的心灵就受伤害了，以后不得不去做心理咨询了……难道我们只能无条件地同意孩子的任何意见吗？

其实，只要我们在日常沟通中，稍微花一点力气，用上认可的技巧，就足够了。

每一次听孩子表达想法或观点时，都努力找出孩子表述中你同意的部分，先说出来。

A.意见一致，要用行动或语言表示支持。

B.意见不完全一致，先说出你同意的部分，再说不同意的部分。

C.意见相反，尽力先认可孩子的感受 / 认可孩子有这么想的权利，然后再表达你的意见。

看例子会更清晰：

孩子：今天的数学测试太难了！

妈妈：哪些特别难呢？

孩子：这几道应用题我都看不懂！

妈妈：A.（意见一致）确实，这道题挺绕的，我看着都不知道什么意思。

　　　B.（不完全一致）第三道是挺难的，但前两道还挺清楚的呀。

　　　C.（意见相反）你做题时是觉得难，不过这些平时应该都练过。

尝试练习一下：

孩子：我觉得上语文课一点意思都没有！

爸爸：你觉得语文课哪儿不好？

孩子：我觉得，有上语文课和做语文作业的时间，还不如我自己随便看书呢！

爸爸：A.（完全同意）_____

B.（部分同意）_____

C.（并不同意）_____

从小被认可的孩子，一生都会被童年治愈。

从小缺乏认可的孩子，一生都要去治愈童年。

倾听技能第三招：自我表露

很多婚姻走到后来，夫妻之间的沟通越来越少，不再谈风花雪月，不再聊兴趣喜好，也不再交流家长里短单位见闻，偶有对话只关乎柴米油盐。

跟孩子之间也是如此。不知什么时候，那个跟父母叽叽喳喳无话不说的小娃，变成了形同陌路的少年。每天常见的对话成了这样：

爸爸：作业做完了吗？

孩子：做完了。

爸爸：今天在学校都好吗？

孩子：差不多。

爸爸：快期中考试了吧？

孩子：嗯。

爸爸：你不能老玩游戏了。

孩子：知道了！！！

……

有效的沟通能够拉近彼此的关系，其本质在于信息交换。夫妻间关于柴米油盐的对话，和父子间像上面的对话，都不包括有价值的信息，自然会让彼此的关系日渐疏远。

孩子越大，信息交换的频度和深度对关系的影响就越大。

孩子不是宠物，我们与孩子的关系不是简单地靠给他吃穿就能轻松维持的。与经营夫妻关系一样，跟孩子的关系也是需要付出努力来经营的。而且要趁早，等孩子到了叛逆期再努力就来不及了。

孩子不见得随时有交流的意愿，那你就先讲些自己的事，你的信息会换来孩子的信息，你的情绪会换来孩子的情绪，这就叫自我表露。

看例子：

爸爸：今天在学校怎么样啊？

孩子：就那样呗！

爸爸：我今天接到一个电话，是之前拖了很久的事终于办好了，真让人开心。

孩子：什么事啊？

爸爸：就是我去日本的签证办下来了。

孩子：哦！我今天也很开心，因为乒乓球课上老师表扬我了……

在孩子表达想法时，我们不要急着表达自己，先意译、确认，让孩子感受到被尊重，这样他也会回报以尊重。

在确认了孩子的意见后，我们不要急着批评或建议，先认可，让孩子的心灵和性格被一次次的认可喂饱养足。

在孩子成长的路上，我们不能只给吃穿和要求，更要有陪伴和交流。我们不断地自我表露，孩子就会愿意讲出自己的经历、情绪和心里话，在脆弱无助的时候会先想到来找你，在需要避免弯路、做出选择的时候，会想到回家寻求帮助和引导。

意译、认可、自我表露，修炼好这些倾听的技能，我们就能成为孩子最喜欢的老师。

日常促进孩子的思维能力

- 任何学习都是思维活动。

- 孩子的记忆力、理解力和应试力，父母在日常生活中就可以训练出来，不需要额外费多少工夫，只要在本来就要花的时间上找对思路、用好工具即可。

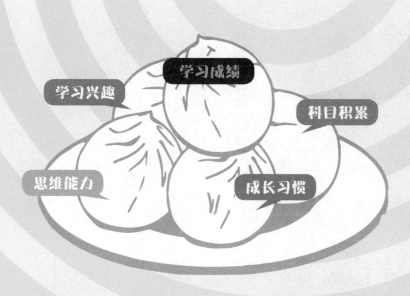

Part Two
第二部分

第5章 | 学习力要素【记忆力】
少记多忆，死背的苦差变成游戏

记忆力与学习

学习本质上是一种思维活动，而记忆力是思维能力的基础。

但对记忆力与学习的关系，大部分父母的理解和认知科学的研究有很大差别。不妨来自测一下，你是否认同下面的话：

☐ 死记硬背没有意义，必须先理解才叫学习。

☐ 背诵就是要集中注意力，重复重复再重复！

☐ 记性强才能学习好，博闻强识，最好过目不忘。

第一句，是错的。完全不理解的"死记硬背"，日后也可能被激活、联系和调用。我带孩子去西湖，在白堤上看到荷花，他说："这就是'接天莲叶无穷碧'啊！"——直到此刻，他很久之前背过的诗句才被激活，与图景联系起来，真正达到了理解。不理解的死记不能说没有意义，问题在于死记下来的内容，如果不常常复习，大部分会被彻底忘记，只有极少数内容有机会被再次激活，所以投入产出比不高。

第二句，是错的。一遍遍重复读，虽然总能记住，但效率极低，且很快会遗忘，也会让孩子丧失自信。认知科学的研究发现，更有效的方法是"检索练习"，就像高频度的小小测试一样。

第三句，是错的。学习者总要记住一些东西，以此为基础来进行更高阶的思维活动，像理解、应用、分析、评估、创造等。记忆力是基础，但也仅仅是基础，该记的记不住会拉低成绩，但在记忆力上花工夫多并不意味着成绩好，尤其高中和之后的学习活动愈发复杂，记忆力的占比也会越来越低。

很多成年人回忆起中小学时期，最痛苦的事情莫过于背单词、背古文、背乘法表……背各种老师家长要求背诵的东西，自然羡慕记性好的同学，就容易把记性好和学习好画等号。很多电视节目也乐于展现一些神童、牛人的"最强大脑"，展示把圆周率背到多少位，怎样的过目不忘。

这是对思维能力的误解。学习力教练们必须超越这样的认知。

简单说说一般小学生需要记忆的内容。

英语　英文单词，可以不背，也可以背。中国的教学大纲要求学生掌握多少英语词汇量呢？小学毕业时 600～700 个单词，这其实并不多。纯靠上课和阅读，六年级掌握上千个单词完全可以做到。一来，纯背单词很枯燥，无论你用自然拼读法、词根词缀法、联想法，还是什么其他方法，对小学生来说都难以坚持。二来，小学生需要掌握的都是基础单词，而基础单词的特点就是语义多变，在阅读中会多次遇到，结合上下文内容来掌握比背单词表来得更灵活，更能配合听说读写。总之，根据孩子的情况和老师的要求，小学阶段不是不能背单词，但尽量不要把背单词当成英语学习的重点。课业之外，选用一些优秀的英语分级阅读资料、适合孩子阅读能力的原版小说，让孩子大量阅读，最好是在舒适区内（也就是不用查字典就能顺利读下去）的大量阅读。

数学　乘法表是要记熟的，中国一般要求背九九乘法表。国外差别很大，比如美国的公立小学基本不要求背乘法表，美国的私立小学（所谓精英学校）很多就要求背；新加坡的基础数学教育被广为推崇，他们要求二年级背下 12×12 的乘法表。我的孩子是在二年级用记忆卡片记熟了 12×12 乘法表，历时一个多月，每天 5～10 分钟。

另外基本公式、算法、步骤都需要记熟，这些一般不用专门背，只要刷完老师布置的习题就能达到需要的熟练度。整体上，小学数学学习比记忆更重要的是在概念理解与连接上打好基础。

语文 语文课要背诵的比较多，完成老师布置的背诵作业就基本够了。如果孩子真的有兴趣，可以自行加背一些优秀诗歌、对句。但整体来说，时间花在背上，不如花在诵和读上。有一位爸爸给孩子制订暑假计划，要求把《论语》整个背下来——孩子要是乐在其中，那未尝不可，但要是苦不堪言，就不如把这个时间精力放在看适合的好书上。

以上是小学的情况。到了初中，需要背诵的内容会陡然增加。不仅史地政需要死记，理化生也有大量要硬背的知识点，同时数学要记题型，语文要背基础题，英语要背单词。很多老师说八年级是真正的分水岭，原因在于八年级开始学科要求井喷式增长。一些在小学靠"抢跑"（也就是提前学习）得高分的孩子，那时候就难以维持。但如果孩子打好了记忆力和理解力的底子，那时候就能脱颖而出。

总而言之，爸爸妈妈有必要了解一些记忆的规律和方法，指导孩子更高效地记住需要背诵的内容。但没必要过于推崇记忆力本身，不假思索地要求孩子多多背诵，甚至要孩子上各种开发记忆力的训练班。

训练记忆力的方法论，用一句话总结就是"少记多忆，检索练习"，这句话源自"少生优生，幸福一生"。这句话朗朗上口，可以让父母牢记，以此来指导孩子与记忆力有关的学习安排。

少记多忆，检索练习

你有没有留意过孩子是怎么背东西的？是不是一遍遍看、一遍遍念，几十遍之后，尝试能不能背下来？其实，这样是在不断重复"记"，除了开头几遍，后面根本不过脑子，所以效率很低、遗忘很快，让孩子痛苦不堪。

　　……今天我们从实证研究中得知，练习检索可以将知识学得更扎实，效果要远好于重复接触最初的资料。这就是测验效应，也被称作检索—练习效应。

　　要想达到最佳效果，就必须重复多次检索，而且检索之间要有间隔。这样才能让人努力达成认知，回忆才不会变成无意识的背诵。[①]

　　认知科学家发现，主动的回想比被动的重复效果更好。重复进行回忆让大脑中的信息结合得更紧密，同时强化了大脑中用于检索知识的神经回路。

　　就是说，要想记忆轻松又牢靠，关键是把无意识的重复变成有意识的自我测试。每次自我测试都是在强化"忆"。这就是检索练习。

　　那么，作为孩子的学习力教练，我们怎样把这些研究结果用于孩子的日常学习呢？

教练技能一：来料加工

　　我们要帮助孩子把需要记忆的内容加工成检索练习，其实就是把内容加工成小小的测试。所谓测试，就是"给出提示—回忆答案"。

　　比如孩子要背《赠汪伦》，

　　第一轮：先提供较多的提示，类似于让孩子做填空题。因为课上已经学过，所以可以直接请孩子回忆：

　　"李白乘什么将欲行？"

　　"忽闻岸上什么声？"

　　"桃花潭水深多少？"

　　……

　　孩子会努力回忆，若回答不上来，看看书念上几遍，再合上书回答。

　　第二轮：逐渐减少提示内容，跟孩子说加难度了。

① 彼得·布朗，亨利·勒迪格三世，马克·麦克丹尼尔.认知天性［M］.邓峰，译.北京：中信出版社，2018：31.

"李白乘舟将欲行，下句是什么？"

"不及汪伦送我情，上句是什么？"

……

孩子记不全没有关系，让他打开书再念几遍，但回答的时候一定要合上书。如此变化形式，直到孩子能回忆出每一句。

第三轮：把提示降到最简单，直到孩子能完整背下来。

"请背诵《赠汪伦》。"

再比如孩子要背乘法表。

准备工作：制作记忆卡片，正面是提示，背面是答案。比如，正面写 2×6，背面写 12。可以提前把所有记忆卡片都制作好，也可以每天一起制作当天需要的卡片。

第一轮：初记。

"今天仍然背十张卡片，并复习之前的卡片。我们先抽第一张，是 2×6，看背面——12。来一遍？"

"二六十二。"

"二六多少？"

"十二"。

"好。下一张卡片正面是 6×7，背面是 42。来一遍？"

……

如此直到把十张卡片都背一遍。

第二轮：随机抽卡片。

在当天初记的卡片中抽取，让孩子看着正面，回忆答案，再翻过来核对。

肯定会有些刚背过但现在又完全忘记的，重来一遍就是了。

连续两次都快速答对的卡片，可以先放在一旁。

直到看到每张卡片的正面（提示）就说出背面（答案）来。

第三轮：复习之前背过的卡片。

看一眼提示就能快速回答的卡片，放在一边，当天不用再测。

对不够熟悉的卡片，要多测几遍。

就这样，我们可以把孩子要背的任何内容拆分为"提示"和"答案"两部分，口头提问也好、卡片也好，帮助孩子进行检索练习。

教练技能二：间隔穿插

我的第一场马拉松，是跟随一本《马拉松训练宝典》练下来的。作者是资深的长跑教练，他的一个观点让我印象深刻：休息是训练的一部分。因为肌肉是在训练中得到刺激，在休息时得到恢复和强化的。所以，训练计划必须合理地安排间隔，不能一味训练。

在这一点上，大脑的机制和肌肉的机制非常相似。就像一次性跑到精疲力竭并不能提升耐力一样，一次性背到熟练也很难促进记忆。

所以，不要期待孩子一次性背熟，适当安排合理的间隔。这次花一小时背熟了，第二天就又磕磕绊绊了，若不加以回忆，再过几天就会全部忘记。

你一定听说过艾宾浩斯遗忘曲线（Ebbinghaus forgetting curve），利用这个规律，每当开始有一点遗忘的时候，提示孩子进行一轮检索练习，可以得到事半功倍的记忆效果。

神经科学研究发现，大脑在睡眠时会对记过的内容进行整理和组织，所以，两次检索练习至少间隔一天。

这是一个典型的间隔安排：第一天花 20 分钟，背到磕磕绊绊的程度就够了；第二天 10 分钟，足以记到比昨天更熟一点的程度；第三天只要花 5 分钟，第四天 3 分钟，第五天 3 分钟……

如果需要背诵的内容篇幅较大，第一天花 20 分钟都不够，那就要分批次：第一天花 20 分钟记第一批；第二天先用 15 分钟记第二批，再用 10 分钟复习第一批；第三天用 15 分钟记第三批，再用 10 分钟复习前两批……

如果有多个科目的背诵作业，那最好穿插进行，而不是逐个攻破。比如，背一会儿语文，再背一会儿英语，然后再返回来根据提示回忆几遍语文……这种穿插学习的安排更有利于长期记忆。

教练技能三：躬身入局

即使是检索练习，也仍然会带来压力。对孩子的压力是，每次回忆都得用心和用力；对父母的压力是，每次练习都得加工和参与。

理想的情况当然是一段时间后孩子对这种记忆方法产生兴趣，且熟悉了"来料加工"的技能，慢慢能自己进行检索练习。

理想的情况并非不可能实现，只要舍得躬身入局、抛砖引玉——教练是砖，孩子是玉。

做法是：教练找一篇要背的资料，请孩子帮忙提示，合理安排间隔，直到熟练背下来。

今年春节假期，我想背一本书里的诗篇，共三百多字。我做了 11 张记忆卡片，请儿子帮我提示。他很兴奋，拿起一张卡片："42 篇第 1 节。"我先念上几遍，然后尝试回忆。回忆得不对，儿子就给我念一遍正确的。往往一张卡片练习了十几遍，还不能做到一字不差。

每天要记四张新卡片，他要陪我反反复复十几分钟。后来他有点不耐烦了："爸爸，我都能背了，怎么你还是记不准呢？"我说："中年人的记忆力相比青少年是衰退的，不过中年人的耐心可能比青少年好点儿。"儿子撇撇嘴，收收心，继续给我提示。

最初三天用时稍长，后面没有需要新记的卡片了，每天就只要几分钟，大约一周背到了熟练。最初三天是我主动找他："你有时间帮我提示卡片吗？"后来都是他主动找我："爸爸，现在要帮你背诗篇吗？"

等到他自己要完成背诵作业的时候，他也跑来要我这样帮他提示。

要躬身入局，教练规划背诵的资料最好是自己有兴趣的：这个过程不只是做给孩子看，而且确实是自己想要的。

这个资料最好有一定难度，难度太低起不到抛砖引玉的效果，但也不要难到让人半途而废，那就成了反面案例。所以，内容以几百字篇幅为好，整个背熟周期短则一周，长则半月。

躬身入局的好处非常明显，能让孩子观察到记忆力的规律——起头很难，之后越来越轻松；少记多忆，重复进行"提示—回忆"练习；间隔效应，在稍有遗忘时通过回忆巩固记忆。孩子会自己总结出：只要使用正确的方法，投入适当的努力，付出必要的时间，就可以记住任何东西。

给孩子的启发是：在他今后漫长的求学之路上，哪怕遇到再多要记忆的功课，也都不会发怵。

教给孩子把学习从苦差变游戏的两个记忆法

学习力教练在掌握上述三项技能之外，得空还可以教孩子一点记忆游戏。

游戏一：联想记忆法

儿子的足球课教练为了强化团队感，要求每个孩子至少记住同组的三名队友的名字。儿子选了吕鹏城、秦琴、宋一铭这三个小伙伴来记。记三个名字不难，但这种一周一次的低频碰面，记住了也会忘。但我在接孩子回家的路上，就和他开心地完成了这个任务。

我们一人几句，编了这么个故事：我走近一个城门，看到守城的不是士兵，而是两只大鹏鸟，正一起张口唱歌。所以我叫这个城"鹏城"，而两个口唱歌，组成一个"吕"。大鹏鸟不让我进城，说除非我给它们弹琴伴奏，但我不会弹琴，就问亲亲它们行不行。它们说行。所以"秦琴"。刚进城门，大鹏鸟又叫住我，说城里很危险，它要"送"我"一"个新"名"字——"宋一铭"，这样就可逢凶化吉。

这看起来是个游戏，实际上运用了"联想记忆法"（也叫情景记忆法）。此法在古罗马时代就有记载，因为有效，所以流传至今。

联想记忆法的要点是把散乱的知识点串在一起，构建出情景，往往通过编故事的方式，当然编成歌曲、戏剧、顺口溜也都可以。这就像孩子玩拼插玩具，小零件容易东一个西一个，很快找不着了，但若发挥想象，组装拼出汽车、坦克或堡垒，小零件各安其位，就不会丢。

教孩子利用联想法编出故事（或歌曲、戏剧、顺口溜）后，一定要提醒孩子闭上眼睛想象一下那个画面：远远看是什么样的城墙，走近看是什么样的大鹏鸟，它们唱歌是什么样的，拦住你时的神气，说"亲亲也行"时的傲娇……充分调动视觉、听觉来强化信息的存储。

游戏二：路线记忆法

古罗马流传下来的另一个记忆法，叫"路线记忆法"（也叫罗马房间记忆法）。

古罗马常有公开的演说和辩论，演说者为了现场效果，要脱稿讲几个小时，所以不仅要事先精心准备各种资料数据，更要求准确记忆，起码不能遗漏重要的点，顺序也不能乱。

据说古罗马著名的政治家、演说家西塞罗（Marcus Tullius Cicero）会用广场上的石柱来帮助记忆。他把演讲的内容提炼为一些要点，想象每根柱子代表一个要点。在演讲时，他会从一根柱子走到另一根柱子，从一个主题切换到另一个主题，提示自己相关要点。

我们没有石柱，但家里的家具摆设一般都是固定的，选出一些物件来当"石柱"，就可以提醒自己了。用家里的物件来提醒记忆还有一个好处，就是路线一旦固定，顺序就不会乱，从而一举解决了"记住内容"和"按顺序记"这两大难题。

所以"路线记忆法"更适用于记住强调先后次序的内容。一般是先想好自己家里的一条路线，固定下来。然后每次要记住什么，只要提炼要点，跟这条路线上看到的各种物件一一匹配，在想象中充分熟悉，就搞定了。

比如我和孩子在家定的路线是这样：首先开门，看到鞋柜，走到客厅先看到书架，然后是沙发，之后是餐桌，再进书房看到书桌，扭头墙上有白板。

带孩子走几遍，让他记熟这条路线，直到这些熟悉的图像——门、鞋柜、书架、沙发、餐桌、书桌、白板——在脑海中按固定的顺序依次呈现。这就算是立好了"石柱"。

现在，孩子要记太阳系八大行星，依次是水星、金星、地球、火星、木星、土星、天王星、海王星。

孩子可能会想象出这样的路线风景：推开家门，哗啦淋了一脸水，原来有人在门上架了水盆（水星）；鞋柜上有一张妙子（金星）的照片，啊哈，原来是她在整我；书架上的书都不见了，只剩下一个地球仪（地球），是谁干的？正纳闷时，沙发上蹿出了火苗（火星），吓得我跑到餐厅，看到木制（木星）的餐桌，也烧了起来；正着急时，妙子的声音从书房传来，过去一看，她坐在书桌旁大笑："哈哈哈，你太土了（土星），这点小把戏就给你吓坏了。"她还在白板上画了一幅画，蓝蓝的天（天王星），蓝蓝的海（海王星）。

你可以给孩子讲这个例子，然后跟他共同打造你家的记忆路线，让他挑选自己的"石柱"。然后，试试按顺序记一下十二生肖：子鼠、丑牛、寅虎、卯兔、辰龙、巳蛇、午马、未羊、申猴、酉鸡、戌狗、亥猪。（提示：每个"石柱"可以配不止一种动物。）

这样的记忆法，好玩又有效，孩子很容易接受，掌握起来也没有太大难度，可以作为日常记忆、检索练习的调剂，综合训练记忆力。

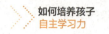 **工具【记忆卡片】**

记忆卡片（flashcard）是广受推崇的工具，要点一是把需要记忆的内容做成卡片，从而方便提示、核对，容易分类、整理；要点二是综合符合认知科学的检索练习和符合遗忘曲线的回忆规划。

很多人使用过卡片来背单词，其实，任何需要记忆的内容都可以使用卡片：

☆ 学前认字

☆ 乘法口诀

☆ 古诗文

☆ 错题

☆ 字帖

☆ 英语发音

………

记忆卡片使用要点：

一、卡片制作

1.多备一些硬纸卡，随用随拿。硬纸卡大小一致，规格根据孩子喜好来定，可以自己裁，也可以网上买。

2.一张卡片只写一个知识点。一面是提示，一面是要记忆的内容。

3.如果内容太长要拆分，以翻看后能短时记忆复述出来为宜。比如孩子要背一首长诗，那最好每两句做一张卡片。

二、卡片记忆

1.看提示，回忆背面内容。想不起来就翻过来看。然后再回忆一遍。

2.换下一张卡片，重复此过程，直到把当天要背的卡片过一轮。

3.返回第一张卡片，进行第二轮。这次把已经熟练记忆的卡片放在一旁，明天再测；对不够熟悉的，翻过来看一下，几分钟内再测一次。直到把所有卡片都记熟。

4.不期待一次背到十分熟。也就是，第一天只要到七八分熟，看正面提示后能努力回忆出背面内容就行。随着第二天、第三天、第五天、第八天……的复习，记忆就会越来越牢固。

三、卡片管理

和孩子一起做四个收纳卡片的盒子，盒子上分别标明"初学""每天""三天""每周"：

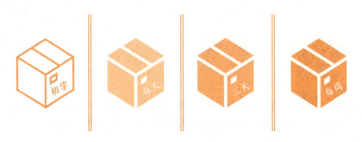

初学盒子：新制作好的卡片，放到这个盒子里。当天记忆后，这个盒子应该清空。

每天盒子：所有刚从初学盒子中拿出的卡片，背过后都放到这个盒子里，第二天必须复习；另外就是任何复习时不够熟的卡片，也放到这个盒子里。如果够熟练了，就把卡片转到"三天盒子"。

三天盒子：这个盒子里的卡片都记得比较熟了的，每三天（隔两天）拿出来检索回忆一下即可。若发现回忆起来毫无压力，就把卡片转到"每周盒子"，若回忆得磕磕绊绊，就多检索练习几次，然后把卡片转到"每天盒子"。

每周盒子：记到纯熟的卡片放到这个盒子里。这个盒子应该是所有卡片的归宿。因为都已滚瓜烂熟，回忆起来毫无压力，哪怕存放着上百张卡片，每周拿出十分钟来都能轻松巩固一遍。

四、电子化记忆卡片

如果要记忆的卡片很多，可以使用电脑或手机上的记忆卡片程序。

因为管理记忆卡片的关键是给每张卡片安排最合适的回忆周期，以便规划在刚有一点遗忘的时候来做一遍检索练习。间隔周期太短，会浪费时间；间隔周期太长，又忘得太多，得从头背起。

如果孩子的记忆卡片总数在两三百张之内，用四个盒子管理就够了。若是再多，比如要背上千个单词，就最好用程序来管理了。你可能用过像"扇贝""百词斩""不背单词"这样的 App，这些都是基于记忆卡片和遗忘曲线设计的。我自己使用的是一个支持自制卡片的记忆卡片程序，叫作Anki。[①] 有需要的父母可以研究一下。

---

① Anki 的安卓版名为 Anki 探索版，iOS 版叫 AnkiMobile Flashcards（需付费），PC 版可以在官网下载 https://apps.ankiweb.net/（免费，网站为英文，软件有中文版）。

教练任务

1.回想每当遇到背诵任务时，孩子的反应一般是_____

A.欣喜和自信

B.恐惧和畏难

C.勉强和厌烦

2.本章提到的"检索练习"技能，我可以怎样应用到孩子现在的作业中？

_____

3.尝试用联想记忆法或路线记忆法按顺序记住"记忆、理解、应用、分析、评估、创造"这六个词，记忆成功后跟孩子分享你是怎么加工的。

4.你有什么一直想记住的东西吗？不妨躬身入局，请孩子帮你做记忆卡片，并拿卡片帮你做检索练习。

关于【记忆力】常见问题

问： 我家孩子刚上一年级，幼儿园没怎么学过英语，现在做老师布置的英语识字朗读作业总是磕磕巴巴的，我具体怎样用"检索练习"思路来帮他呢？

答： 让孩子照着课本一个单词一个单词地读每一页（一般就两三句），帮他默默记下哪些词不熟练。碰到5秒钟还想不起来的单词，就告诉他并请他跟读三次。

第一页读完一遍后，指读刚才不熟练的单词，你指哪个他读哪个。多次重复，直到每个词都达到"稍微想一下就能读出来"的程度，这就是"检索练习"了。

让孩子一个个词接着读第二页。读完一遍后，返回第一页，再指着刚才不熟练的单词请孩子读。等都熟练了，再对第二页中孩子不熟练的单词进行"检索练习"。然后翻到第三页……如此重复。

每 10 ～ 15 分钟为一轮，一天进行两轮就够了，不要贪多。

这期间父母要注意自己的情绪：态度一差，全都白搭。你可能觉得孩子记得太慢，同一个词都重复几十遍了还是忘，你会不耐烦。这可以理解，但语气不要表露出来，最好能给孩子轻松有趣的感觉。务必记住：孩子的学习状态直接受你的态度影响，严厉或不耐烦不仅不能帮助他，还会带来恐惧或抗拒。

第 6 章

学习力要素【理解力】

点点互联，提问引导孩子深化理解

理解力与学习

小学的学习内容，在理解上没有太大的难度。但是，如果在小学阶段能够夯实理解能力，会给中学、大学打下思维的基础。

每个人都知道"理解"的重要性，但不见得都思考过理解的本质。自测一下，你是否认同下面的话——

☐ 书读百遍，其义自见

☐ 好记性不如烂笔头，多记笔记促进理解

☐ 能做对题，就说明理解了

第一句，是错的。重复次数够多，能够加深记忆，但不一定能促进理解。

第二句，是错的。一方面，不建议小学生（尤其是低年级）记多少笔记。另一方面，你可以把老师的每句话都记下来，仍然不见得能理解。

第三句，是错的。能用来解题，也不见得真正理解。

我们看这样一个小学数学概念："除以一个分数，等于乘它的倒数"，就像

$$6 \div \frac{3}{4} = 6 \times \frac{4}{3}$$

很多小学生是把这句话背下来，也能通过练习和作业来熟练解题——这中间用到了记忆力，却完全不涉及理解力。

怎么才算理解了呢？其实，小学生在学这个概念之前，已经学过交换律，学过添括号和去括号，学过"分数等价于除法的结果"，从而可以将新学的概念进行演算：

$$6 \div \frac{3}{4} = 6 \div (3 \div 4) = 6 \div 3 \times 4 = 6 \times 4 \div 3 = 6 \times (4 \div 3) = 6 \times \frac{4}{3}$$

注意，这中间的每一步，都是由已有的知识而来。从而，这个新知和早就知道的知识联系在了一起。

上面这个例子，让我们理解"理解力"这事：理解，要求不仅知道是怎样，还要知道为什么会这样。这意味着要把新知识跟已有的知识联系起来。**理解，就是联系。所谓理解力，就是把新知识跟已有知识联系起来的能力。**

再举个例子：孩子见到一个新成语"沾沾自喜"，不太懂这个词的意思，就去查字典，字典上说"沾沾"意为"自得的样子"，于是孩子知道了这个成语的意思。这就初步理解了，因为把新知"沾沾"和已知的"自得的样子"联系了起来。有些孩子可能会更进一步，通过"沾沾自喜"联想到"洋洋自得"，以至于联系到"喜气洋洋""得意忘形""喜不自胜"……并好奇思索其中细微的差别。这就是把新知和旧知做了更广泛的连接。联系越多，理解越深，以后调用相关知识就越容易、越精准。

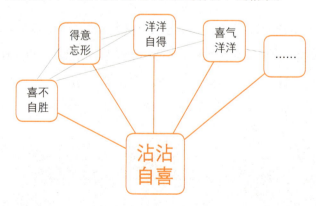

小学阶段的大部分考试，实际是不对理解程度做考查的。也就是说，孩子只要记住"除以一个分数，等于乘它的倒数"就可以解题，只要记住"沾沾自喜"是"形容自以为很好而得意的样子"就可以得分，那为什么还要强调理解和连接呢？

这其实是中国小学教育的理念导致的。整体来说，美国的小学教育，对事实性知识的记忆、解题的准确率，要求都比中国低。但对理解（也就是知识点之间的联系）的重视程度远远高于中国。所以，中国小学题目出出来，每道题对应哪个知识点，该用哪一课的算法来解答，基本一一对应。就像是，只要你能记得正确的钥匙是哪一把，就可以开锁。至于这把钥匙是怎么来的、为什么要这样，可以不用管。

无论如何，小学若从未有意识训练"建立联系"的能力，造成的理解力短板，会导致中学后学习的瓶颈——因为学得越深，要建立的联系就越多、越复杂。

上一章，我们讲了要增强孩子记忆力的方法论是"少记多忆，检索练习"。这一章，我们讲要提高孩子的理解力，则需要"点点互联，提问牵线"。

点点互联，提问牵线

先问一个问题：什么时候你能确定自己理解了学到的内容？以阅读本书为例吧。

你说，这本书说得太好了，我收获非常大。——我没法确认你理解了。

你说，我找到了重点，你看我在这里画了下划线："理解，就是联系。所谓理解力，就是把新知识跟已有知识联系起来的能力"。——我仍然没法确认你理解了。

你说，我在读上面一节内容时，想到了一位老师课上讲过"只有真正理解的东西才是你的，只有你能用自己的话讲出来的东西才是真正理解的"，这说的意思差不多吧。——我知道你开始理解了，因为你在把新知和已知进行关联了。但目前仅仅是又浅又弱的联系。

理解就是建立联系。要建立知识点之间真正的联系，不能满足于"这俩差不多"，而要追问"有什么细微差别"或"有什么本质相通"。

> 知识的学习从来就不是孤立的，学习任何知识（概念、定义、公式、问题、观念、理论等）都需要联系。你创造的联系越多，它们就会记得越牢、理解得越好。[①]

所以，只要我们有意识地提醒孩子去建立知识点之间的联系，就是在促进孩子理解。充满好奇地向孩子提问，问合适的问题，就是陪孩子探索，就可以引导孩子建立更多连接。而且，你不需要知道答案就可以提问！

孩子的学习力教练要掌握这样三种提问技能：

促进理解的提问技能一：前因后果

知识点之间最基础的联系是因果关系，了解前因后果就是"知其所以然"。

很多孩子爱问为什么，说明建立联系和梳理因果是人的天性。相比之下，父母问孩子为什么的情况就少多了。因为在很多父母的认知中，学习的目的就是知道更多答案，所以满足于孩子知道"是什么"。

多问孩子为什么，可以帮助孩子跳出"我知道答案"，而把思考的重点放在建立因果关系上。

孩子：老师说写作文要"首尾呼应"。

家长：哦，那为什么要"首尾呼应"呢？

孩子：老师没说，就说"开头扣题，结尾点题，首尾呼应"。

家长：那你想想看，结尾呼应开头，有什么好处？

孩子：应该是想着要呼应开头，就不容易跑题吧。

---

① 斯科特·扬.如何高效学习 [M].程冕，译.北京：机械工业出版社，2013：9.

家长：对，不容易跑题，这是对写的人来说。那对读作文的人，比如评卷老师来说呢？

孩子：评卷老师看到首尾呼应，符合判分标准，就给高分了。

所以，多追问促使孩子思考因果关系，从而把新知"首尾呼应"跟旧知"不要跑题"和"写作文要考虑评分标准"联系在了一起。

实际操作中，父母总问"为什么"，孩子有时会烦，回应你"老师就这么说的""我不知道为什么"。这时，作为有耐心的学习力教练，我们可以有意识地换一下问法，比如"这样的原因是什么""这么做有什么好处"。还有，把"为什么（why）"换成"怎么（how）"，往往更可以强调联系。

体会一下这些例子：

具体问法可以变化，不拘于"为什么"，只要明确是在追问前因后果，就能促进孩子养成建立联系的习惯，从而强化理解力。

促进理解的提问技能二：相似问差

如果联系在一起的两个知识点很相似，就要避免把它们当成一样的。把两个看起来差不多的东西当成一个，就不是建立联系，而是偷懒了。

家长：你觉得"首尾呼应"和"开头扣题，结尾点题"是一回事吗？

孩子：差不多吧。

家长：确实差不多。但差在哪呢？

孩子：嗯，说"首"和"尾"呼应，是强调它俩的关系。而"开头扣题，结尾点题"是三个要素之间的关系。

家长：很好！你还能想到老师说过类似的说法吗？

孩子：对了，老师讲散文，说好的散文"形散神不散"。也是差不多，但"首尾呼应"更像是要求"形不散，神也不散"。

家长：很好！上次你还跟我说，英语老师讲写作要做到 Cohesion 和 Coherence，是不是跟"首尾呼应"也差不多？

孩子：是差不多，但也有区别，那不是说"首"和"尾"的呼应，Cohesion 是句子和句子之间的呼应，Coherence 是段与段之间的呼应。

看起来很厉害对吧？确实也很厉害，因为这样提问可以促进孩子对比思考以达到精确辨析、深度理解。这样训练出的理解力，会为以后的一切学习打下牢固基础。

而我们要做的并不复杂，只要两步提问：先请孩子联想到类似的知识点（事物、概念、做法……），再追问两者之间的细微差别。

孩子：今天我们开始学 20 以内的加减法了。

家长：以前学的是什么？

孩子：10 以内加减法。

家长：20 以内加减法和 10 以内加减法有什么区别？

孩子：数字更大了呗。

家长：那在计算方法上，有什么是 10 以内加减法用不到，20 以内加减法要用的？

孩子：20 以内加减法就要用进位和退位了，10 以内加减法不用。

孩子：我很喜欢这本《你很特别》！

家长：是吗，上次你说很喜欢哪本书来着？

孩子：《纳尼亚传奇》啊。

家长：那这两本你都喜欢，它们有什么不一样的地方？

孩子：这本书说的是在一个小村庄里……

胡适写过一篇《差不多先生传》，揶揄中国传统熏陶出了太多不求甚解、差不多就行的人。而两希文明孕育出的理性精神，强调细微的概念辨析、精确的适用边界。从小就习惯了"相似问差"的孩子，求学中就能用众多知识点构建出更细密、更坚实的体系。

促进理解的提问技能三：相异问同

当接触到一个新知识时，引导孩子联想到一个与之差别很大的概念、做法，二者看起来毫无联系，但不妨追问两个不同事物的本质相通之处。

家长：这个单元一共四篇课文，有诗、散文，还有书信，它们有什么共同点？

孩子：内容都跟秋天有关。

家长：这次考试考的是写留言条啊。你说，写留言条跟写日记有什么一样的地方？

孩子：都是应用文。还有，就是都要挑重点说，不要什么事都往里写。

"相异问同"，在常人不能一眼发现之处建立联系，孩子会训练出最高阶的理解力——洞察力。对父母来说，提问的最大障碍在于："我都想不到它们之间有什么联系，孩子怎么能想到？"其实，不妨先把问题问出来，问了之后跟孩子一起想，看谁先想到，就像是玩一个智力游戏。

爸爸：你和妹妹最近在看的《海底小纵队》，跟以前看的《汪汪队立大功》，有什么一样的地方？

儿子：好像没有啊。

爸爸：我想到了一个一样的地方：海底小纵队有队长，汪汪队也有队长。你们还能想到别的吗？

儿子：我也想到了，海底小纵队和汪汪队都有很先进的交通工具。而且都有帮助别人。

爸爸：我想到，海底小纵队的呱唧和汪汪队的毛毛，都是搞笑的角色。你们还能想到什么一样的？

儿子：我知道！海底小纵队的皮医生和汪汪队的天天很像，都很细心，很会照顾人。我们昨天看的那一集里……

儿子：爸爸，为什么"洗衣店"也可以洗裤子呢？

爸爸："洗衣"就包括洗裤子了，比如"我今天洗了衣服"，其实是把上衣、裤子、袜子都洗了。

儿子：但是说"我今天洗了裤子"，就不包括上衣，对吧？

爸爸：对！"洗衣"包括"洗裤"，但"洗裤"不能涵盖"洗衣"，你还能想到跟这个相似的概念吗？

儿子：嗯……我想到了一个，一般说"吃饭"也包括"吃菜"，但说"吃菜"就不包括"吃饭"。

孩子习惯了这样跟爸妈通过"相异问同"过招后，理解力会迅速升级，很快就能自己在万事万物中洞察联系，学业中对各科目的理解自然不在话下。

"点点互联，提问牵线"，父母就像是魔法师，只要轻轻挥舞提问的魔法棒，就会激发孩子变出一串串出人意料的火花。

培养孩子从好学到深思的两个习惯

培养孩子两个习惯，可以让孩子自己从好学发展为爱上思考。

习惯一：自己先想再问人

鼓励孩子先自己努力想答案，而不是一遇到难题就说不懂，马上就问。孩子有不懂的来问父母，父母尽量不要直接给解答。就像孩子说拉不动箱子，你可以直接帮他拉，但这样就剥夺了他锻炼肌肉的机会。最好让他养成求人之前自己先尽力的习惯，这样他每次遇到困难，都会是一次锻炼。

让孩子自己先想，孩子可能根本想不出答案，或者想出来的答案是幼稚的、错误的。但是"努力想"这个动作本身，是大脑在尝试建立连接，已经在锻炼理解力了。这跟他使劲后依然没拉动箱子，但还是锻炼了一会儿肌肉力量，是一个道理。

我家孩子有个习惯，他们想问"为什么"的时候，会先猜一个答案，然后问我对不对。比如，"爸爸，地铁都在地底下，是因为地下好施工吗？"

这是我在他们四五岁时就刻意培养的，那段时间，只要他们问"为什么"，我都会说"你能猜一个原因吗，我告诉你对不对"。（一定要笑着说，让孩子感觉你是在陪他们玩，而不是不愿意回答。）

同样，孩子拿不会的题来问我时，我先问他是怎么想的，对题意是怎么理解的，尝试过什么方法。

学习力教练切记：正确答案不重要，重要的是让孩子养成遇到不懂的问题先思考的习惯。

习惯二：用自己的话重述

孩子来找你，说有一道题不懂。你给他耐心讲解，然后问他懂了吗。他说懂了。

你放心吗？

你不放心，你要求孩子给你讲一遍。孩子把你刚才的原话复述了一遍。

这下你放心了吗？

不应该放心。因为原话复述，仅仅动用短时记忆，跟理解力一点关系都没有。

更好的做法是请孩子用自己的话讲一遍。

从前不懂的事，经过问人、听课、看书等方式，觉得听懂了、理解了，其实不一定。我们都有过这样的经验：听了一堂讲得深入浅出的课，看了一本写得明白晓畅的书，以为自己已经掌握了，但遇到考试却发现好多题不会做。人们很容易高估自己的理解程度，这是因为大脑关于这块知识点仅仅建立起了初步的、脆弱的连接。只要用自己的话讲一遍，就能更好地促使新知联结已知，有效地强化连接，达到真正的理解。

学习力教练很容易就能帮助孩子养成这个习惯：

- 在给孩子讲解后，请孩子用自己的话讲一遍；
- 告诉孩子，任何时候对一件事从不懂到觉得懂了，都要自己给自己讲一遍，或者创造机会给随便什么人讲一遍。

教练切记：对孩子讲得不清楚之处，不要批评，而是通过好奇追问来引导他想清楚、讲清楚。

 工具【认知地图】

理解，意味着能把知识点建立联系，编织为一张网。那么，认知地图就是对这张网的可视化呈现。

我们在美剧中会看到下面这样的图，往往出现在警察或侦探办公室的墙上。

这就是一种"认知地图"，把各种破案线索、已知信息、待解决的问题等，一一展示出来、连接起来。

同样，对孩子要重点搞懂的知识，也可以用认知地图把知识点之间的联系图像化。

为做好认知地图，你需要准备这样一些工具：

○ 毛毡板 / 软木板

○ 彩色麻绳

○ 图钉

○ 便签纸或卡片

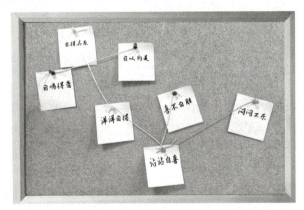

这些在网上都可以轻易买到，也很便宜。

认知地图使用要点：

1. 每个便签上写一个知识点。

2. 用图钉钉在毛毡板上。

3. 相似的知识点，用绿色麻绳连起来。相反的知识点，用红色麻绳连起来。其他类型的关联，用黄色麻绳来连。

4. 随着知识点的连接增多，可能需要调整便签位置以使构图更清晰。

5. 用不着每一天、每一科都做认知地图。一般只要对难点科目加工制作就好。

6.初中之后，孩子可以用认知地图更好地进行考前复习：在了解考试目标的前提下，用便签纸或卡片自行编制一套学习材料。然后用线在这些便签之间建立尽可能多的连接。只要孩子熟悉了认知地图的做法，完全可以自己制作，而且可以直接画在大白纸或笔记本上。

教练任务

1.如果你在读书时碰到一个地方，你觉得很熟悉，好像在哪里看到过，这时你会

A.这我早就知道了，没什么新鲜的！

B.对呀，这跟我之前看到的一样，说明很重要！

C.刻意从上下文中寻找，"相似问差"，努力找到新的启发、新的做法、新的提醒。

2.了解孩子最近两天学习的内容，加工出三个问题（可以是针对不同知识点的）

"前因后果" _____

"相似问差" _____

"相异问同" _____

3.跟育儿合伙人讨论，如何培养孩子"求人之前先尽力，遇到不懂先思考"的习惯。

4.读完本书后，梳理所有主题（12个学习力要素和4项自我修炼），细化知识点之间的联系，画出认知地图。

关于【理解力】的常见问题

问：我当然想训练孩子的理解力，但我不可能对每个知识点的来龙去脉都清楚，对每门课的知识点之间的联系都了如指掌。我自己都没有掌握

的东西怎么去教孩子呢？

答：不要忘了我们是要成为孩子的学习力教练，而不是成为具体科目的老师。差别在于，教练的重点是引导，而不是讲授。教练不需要知道答案，只需要掌握方法论，善用工具，就可以提升孩子自主学习力。

再看看我们前面讲的促进孩子理解的相关技能，基本都是提问，关键是，并不要求你有答案才能提问，也不要求每次提问都一定要得到很好的答案。教练只要能想到提问，大胆地提自己不知道答案的问题，然后和孩子一起思考，这就足够了。

问：感觉这些提问的方法可以作为家庭互动的小游戏呢！

答：没错。有时我家会在晚饭时玩一个小游戏，指定餐桌上任意两样东西，向下一个人"相异问同"，像这样：

甲：碗和水杯的共同点是什么？

乙：碗和水杯都是容器，都可以盛食物和水。水杯和筷子的共同点是什么？

丙：水杯和筷子都是圆柱形。筷子和面巾纸的共同点是什么？

丁：筷子和面巾纸都是用植物加工来的。……

第7章 | 学习力要素【应试力】

升级认知，每次考试都是绝佳机会

应试力与学习

提到考试，你家孩子会觉得有压力，还是感到兴奋呢？恐怕感到有压力的孩子会多一些。

自测一下，你是否认同下列表述：

☐ 考试是对学习效果的评定

☐ 会的题做错了，说明粗心马虎

☐ 学海无涯苦作舟

第一句，是错的。除了中考、高考，其他绝大部分考试，更应该看作为了查缺补漏、促进学习。在这一点上父母认知的改变，可以极大改变孩子的学习节奏。

第二句，是错的。轻易归因于"粗心马虎"，是因为反思不到位。

第三句，是片面的。苦学、勤学不见得能带来成绩，但掌握"从错误中学习"的方法一定可以快速带来改变。所以，最好改成"学海无涯错作舟"。

相信大多数人现在仍能回忆起学生时代应对考试时受的那些煎熬，如今孩子上学了，父母还是没有什么好办法，觉得似乎只能如此，孩子也不得不如此应试。其实，作为学习力教练，掌握和应用认知科学最新研究的一些重要结论，可以帮助孩子缓解面对考试时的压力，让孩子更容易取得好成绩。

记忆、理解、应试，这三个学习力要素的关系是什么？

古人学书，践行"记忆在理解之前"，先把《三字经》《百家姓》，甚至四书、五经、唐诗、宋词都背熟了，才能应试赶考。

现代教育，强调"理解帮助记忆"，减少纯粹的死记硬背，考试更倾向于考查综合理解的程度。那么，三要素之间正确的关系是先理解，再记忆，最后应试吗？

认知心理学最近几十年的研究表明，以上都不对，在大脑的实际运作中，理解、记忆、应试三要素间是相互促进、相互影响的关系。

考试不仅是一个测试工具，它还能调整我们已经记住的内容，令大脑以不同的方式将其重新组织一遍，而这一番调整的结果就是大大提高我们下一次考试的成绩。[①]

每次考试都会让学过的知识在大脑中构建出新的联系，从而增进理解，又因为考试本身是高强度的"检索练习"，从而强化记忆。

考试还有助于查漏补缺，暴露出前一个学习阶段的短板，配合有效的

---

① 本尼迪克特·凯里.如何学习［M］.玉冰，译.杭州：浙江人民出版社，2017：110.

"从错误中学习"的策略，就能实现平时学习做不到的效果。

总之，不仅是记忆和理解有助于应试发挥，考试也会促进记忆和理解。应试和平时学习互相促进、互为补充，结合起来达成最优的学习效果。

所以，我反对现在很多小学教改的做法，说为了给小学生减压，减少考试的频次。合理的做法应该增加考试、测试的频次，每次学习之前先考试，而且每次学过之后以考试的方式立即复习。考得越多，记得越牢，理解越好。至于压力，跟考试频次没有关系，只跟如何看待考试结果有关系。

只要父母能改变看待考试的态度，就可以影响孩子应对考试的心态和做法。

面对考试，如果让孩子一味追求分数，认为学习是为了考试成绩，就免不了压力山大，因为他们必须用分数证明自己聪明，是好学生，值得被爱。但如果让孩子认识到考试是为了学习，那么他面对考试的心态就会变得积极平和，最终通过一次次应试得到更好的学习。

考虑到孩子学习的阶段性，有胆有识的学习力教练们不妨这样规划：

- 小学四五年级之前，引导孩子完全以学习为目标来看待每次考试。
- 六年级到初二，追求分数和学习同等重要。
- 初三到高考，孩子自然而然认识到考试分数的重要性。在此之前，确保孩子已经训练好了以应试促学习的能力、从错误中学习的能力、在压力下发挥的能力，早已养成了考前梳理知识、考中从容应对、考后整理错题的习惯。

强调"有胆有识"是因为这样的规划能让孩子在未来那些真正改变人生的考试中得到好分数。

一个 11 岁女孩，跟妈妈相依为命，懂事得让人心疼，但学习成绩一直处在中等水平。她跟我说，她最怕考试。我说，是因为考不好妈妈会骂你吗？她说不是，妈妈从来不骂我，我考不好，她也笑，只是我知道那笑是用力装出来的，背后全是失望。她说，我宁可妈妈骂我。

孩子形成了这种心态，日积月累，不仅影响亲子关系，对考试成绩也有害无利。

唯一的办法是父母改变对应试力的认知。我们在实践中提升应试力的原则是"轻分数重学习，无错误不成长"。

轻分数重学习，无错误不成长

有些父母受道听途说的所谓"快乐教育"的影响，从不过问孩子考试情况。"什么，你昨天考试啦？不用在乎，这些平时的考试都不重要！"

这绝不是学习力教练应该做的。

教练技能一：消除孩子对失败的恐惧

考试前，你觉得下列哪个做法是父母应该做的？

A.跟孩子说别紧张，我不在乎你的考试成绩。

B.跟孩子回顾前一阶段的学习，告诉他你更看重他平时做的，而不是一次考试的分数。

C.跟孩子说，不跟其他同学比排名，只要比你自己上次的分数高就好。

考试后，你觉得下列哪个做法是正确的？

A.根本不问分数，以让孩子没有压力。

B.认真地跟孩子一起复盘，分析得失、总结经验。

C.把孩子每次考试的分数做成折线图，贴在墙上。

我们要明确一点，其实无论父母怎么说，孩子是不可能不重视分数的。他在学校，体验到的考试的仪式感——禁止翻书、禁止交头接耳、严格计时、老师的语气、同学的议论……都会强化考试的压力，塑造他的认知。

所以，对家长来说最好的做法是让孩子知道，我们重视考试重视的是你平时的努力，以及考试能给你带来的学习上的进步。上面两则，最好的做法都是 B。

孩子不可能不看重分数。分数之所以带来压力，是因为孩子怕失败、

怕犯错。

父母通常会想着教孩子怎样减少犯错、避免犯错。但实际上，没有人能在考试之前说我做好了万全的准备，绝不会错。

换个思路想：为什么我们玩电子游戏时不怕犯错？

游戏中，我们 90% 的时间都花在了失败上：用光了时间、被敌人打死、尝试解决谜题失败。更别说像俄罗斯方块这样的游戏：每次游戏都注定是失败的。

游戏中，失败不是目标没有实现，失败是一种反馈，让我们更兴奋、更乐观、更投入。

做到这点很不容易，游戏设计者要小心调试，平衡失败给玩家带来的两种感受：没搞定的挫败感和强烈的"再来一次"的欲望。

合适的失败不仅是一种有效的反馈，甚至可以说是一种奖励——让我们更加投入，对自己的成功更有把握，强化我们对结果的控制感。我们会感觉离目标更近了一点，而不是远了一点。

怎么能让孩子考试不怕失败、不怕挫折，而是像玩游戏一样，失败了就迫切地想"再来一局"呢？游戏设计师的诀窍是：不消除失败，而是消除对失败的恐惧。比如，向玩家展示他们在游戏世界中的强大力量，有可能的话，引他们发笑。只要失败有趣，我们就会保有（甚至强化）对成功的希望，继续尝试。

在游戏中，通过一次次失败带来的反馈，玩家会发现，只要有足够的时间、动力，做足够的练习，每个谜题都是可以解开的，每个任务都是可以完成的，每个难度级别都是可以通过的。

学习力教练先要求自己这样看待考试分数，才能在言行中影响孩子。

教练技能二：教会孩子从错误中学习

错误不会带来糟糕的后果，而是能带来最宝贵的学习，从错误中学习是极为重要的能力。

乔布斯在 1984 年被迫离开自己创立的苹果公司，另起炉灶，在新公司任性折腾。结果，新公司推出的所有产品都叫好不叫座，在市场上遭受重挫。但他从失败中学习，1997 年，他带着暴涨的经验值重掌苹果，打造出苹果奇迹。乔布斯传记的作者说："他后来的巨大成功，并非因为在苹果的下台，而是下台后华丽的失败。"①

教会孩子从错误中学习，是每位学习力教练的责任。

1.跟孩子预报错误，让犯错正常化

我曾和一百多个孩子一同穿越柴达木盆地，四天徒步 100 公里。不少孩子第一天下来脚就磨出了水泡。我在医疗帐篷里看到，同样是找医生治水泡，有的孩子大哭大闹说明天走不了了，有的孩子淡然处之仿佛经验老到。我问了后者才知道，其实他们也是第一次有这样的经历，区别在于爸爸或妈妈提前跟他们说过，长距离徒步脚会挤出水泡，只要请随队医生处理一下，疼归疼，但不影响第二天继续上路。

这就是有智慧的爸妈，预测并提前告诉孩子必然会出现的问题，或者请孩子在做事之前，预先思考并写下可能的失败和障碍，从而让孩子有"犯错是例行程序、意料之中"的认知，而不会感到尴尬与不同寻常。

2.沟通的态度比沟通的内容更重要

孩子若犯了一些严重错误或低级错误，父母可能会有情绪，从而呵斥责骂。我曾亲眼见过一位妈妈掌掴孩子，因为老师说孩子在学校欺负同学。过后我跟那位妈妈沟通，她不承认自己是在发泄怒气，她说："要是打都不管用，那好好说就更没用了"。

这是错误的理念。生活中这样的反例比比皆是，教训惨痛。父母态度越坏，孩子越听不进去，无论父母说的是什么。只有用好的态度（态度平和但立场坚定）沟通，才有可能起到作用。

---

① 沃尔特·艾萨克森.史蒂夫·乔布斯传 [M].管延圻，魏群，译.北京：中信出版社，2014：204.

3. 探讨错误，把错误当成学习的机会

大部分失败或错误，都有可以从中学习的价值，有些错误甚至是值得称赞的。

有一位妈妈说，她女儿有一次语文考试分数很低，原来是作文没写完。孩子耷拉着脑袋，担心挨批评。她找孩子要来卷子，仔细读过，发现孩子写下的半篇作文很有意思。她问孩子是怎么想到要这样写的。孩子说是受到一本小说的启发。她称赞了作文的创意，说自己也对那篇小说有兴趣，也要去读一读。女儿很开心，还主动总结：以后写日常作文可以创新尝试，考试作文还是要按时完成任务。

当然，也有些错误是没有学习价值的，比如假期即将结束才匆忙赶作业，带来一堆错误。这样的错误就没什么好探讨的。

4. 储备一些从错误中学习的故事

当孩子沉浸在失败带来的沮丧中时，讲道理不如讲故事。给孩子讲讲便签贴 (Post-it note) 最早是怎么发明的、微波炉是怎么发明的，讲讲爱迪生（Thomas Edison）、费曼 (Richard Feynman)、哈维（William Harvey）等一些伟大人物的失败故事，讲讲你自己刻骨铭心的挫折经历。

只要父母爱看书，就可以在任何一本人物传记中读到失败和遇挫的故事。这些故事都可以讲给孩子，但要注意重点不是落在"失败了不要气馁"，而是落在"他从失败中反思，学到了什么"。

教练技能三：给孩子讲一堂应试力入门课

在学校，老师会给孩子讲考试时的一些注意事项，比如先易后难、书写工整、认真检查，等等。这些不用父母操心。但作为学习力要素的应试力，老师是不会讲的，只能由父母讲给孩子。

所以，按照下面的准备和流程，给孩子上一堂课吧！

应试力讲课流程表：

1. 问孩子：说到考试的时候，你是什么感觉？

○ 认可孩子感受到的压力。

○ 理解孩子对错误的畏惧。

2. 告诉孩子，考试是为了促进学习，包括如下要点就好：

○ 我不会拿分数本身来评判你，考试的重要目的是学习。

○ 考试能够帮助你记得更牢，把它当成一次检索练习。

○ 考试能够帮助你理解得更深，用不同的方式联系起学过的东西。

○ 考试的错题很宝贵，给你从错误中学习的机会。

3. 请孩子做一组判断题，问问他认为哪些表述是正确的，哪些表述是错误的。

○ 提前打印自我评估的判断题。(见后)

○ 跟孩子一一解释为什么。(见后)

4. 在挂图上绘制大脑，边画边讲。(解释见后)

5. 和孩子讨论如何看待考试，以及考试后如何复盘。

○ 参考本章工具"错题本"。

○ 最好拿最近一次考试卷子来实际讨论。

打印资料，请孩子判断

你觉得哪些说法是正确的，哪些说法是错误的？

☐ ① 如果全对了，说明我学得好。

☐ ② 如果考试分数低，说明我不够聪明。

☐ ③ 如果会的题做错了，说明我粗心马虎。

☐ ④ 除非我考得好，不然爸爸妈妈就不爱我了。

☐ ⑤ 只要我平时认真学习，掌握正确方法，总可以在考试中体现出来。

☐ ⑥ 考试是为了促进记忆和理解，而不是为了评定学习结果。

对判断题的参考解释：

① 错的。全对了不能说明学得好。想一想为什么？也许只是题目太简单呀。

② 错的。考试分数跟你聪明不聪明没有关系，跟前面一段学习投入的努力有关系，跟你记忆和理解的程度有关系。

③ 错的。会的题错了，一般不是粗心马虎，要一个个分析，真正的原因是什么，下次才能避免。

④ 不论怎样爸爸妈妈都是爱你的。如果孩子对此有疑问，可以趁机向孩子道歉，并问可以怎样做就不再让你怀疑这一点。

⑤ 对的。只要平时做好预习、听课、作业、练习，那就一定可以体现在成绩上。如果没有达到期待的分数，正好可以反思，从错误中学习，调整一些做法。

⑥ 对的。最重要的是学习，考试可以帮助学习，考试是为了学习，而学习不是为了考试。以后会有一些很重要的考试，比如中考、高考的分数对一个人的影响会比较大，不过那时候你已经考过很多年的试，知道该怎么应试啦。我给你画一个图吧，看看考试的时候我们的大脑里发生了什么。

绘图参考：

课前准备好一张大白纸，上面画一个大脑示意图。

用铅笔在大脑内部画很多点点，边画边解释：这些是你平时学习的知识点。每次学习，都会增添一些新的知识点。一开始这些点很淡，如果不及时回忆，就会忘记（擦掉几个点）。如果及时回忆，就会记得越来越牢（把几个点涂得重一点）。

用笔连起一些点点，并做出解释：你思考、做作业、复习后，实际是把不同的知识点联系起来，这些联系越多，你理解得就越好。

问问孩子，知道在考试的时候，我们的大脑会发生什么吗？被考到的知识点，会记得更牢（把一些点涂得更重），也理解得更深（多画一些连线）。

在我们的大脑中约有一千亿个神经细胞，称为神经元。当你使用大脑时，信号会通过名为轴突的通道发射出去。接收信号的部分叫树突，树突是从神经元扩展出的一些小拇指形的结构，它们可以向细胞体传输信号，细胞体会把这些信号再次发射出去，连接到另一个神经元。你学得越多，大脑形成的神经元之间的通道也越多。

考试会激活和强化更多神经元通道，让它变得更加强大。大脑中有很多强大的通道意味着神经元可以向彼此更多更快地传递信号，外在表现就是你能学到并记住越来越多的东西！

上面这些，不要怕孩子听不懂。认真地给孩子讲，他一定能明白这其中的大概意思，那就是：考试可以大大促进学习！

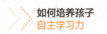

孩子从做题家到真学霸的两个特征

有些孩子在小学、初中时的成绩不错，但学得很吃力，等到了高中、大学阶段就明显地后劲不足。因为这些孩子充其量是"做题家"。真正的学霸，会有以下的表现：

特征一：好为人师

好为人师包括给人出题和讲课。孩子学习时，如果只看书，常常误以为自己已经掌握好了。这时不妨邀请他给家人出套题、讲讲课。

出题给爸爸妈妈，还可以增进关系；出题给弟弟妹妹，还能获得成就感。我儿了就喜欢自己做完数学题后，在一张白纸上出几道题，照猫画虎但像模像样。每次他对我说："爸爸，做题。"我就郑重地接过来，显出认真思考的样子。做完了，请他给我评分，听他表扬我几句。我会问他，那道题很有意思，你是怎么想的，出这题是打算考我什么……跟孩子讨论出题思路，有助于培养重要的"揣摩出题人意图"的能力。

再就是，鼓励孩子把自己学到的、看到的讲给家人听。鼓励他帮助同学，给同学讲题。告诉孩子，考试后若有机会给同学们讲题，不要推却，也不要不耐烦。因为讲给别人，既帮助了同学，也提升了自己。

特征二：考后复盘

复盘不要只看错题。就像你在单位完成了一个项目，过后的总结中也不希望领导只提缺点。问问孩子：

哪些题目你印象比较深，跟从前类似的题目有什么不一样？

哪些题目你觉得有意思，它实际是想考什么知识点？

哪些题目让你觉得很得意，你是怎么想到的？

……

再跟孩子一一分析做错了的题目，分别属于什么错误，然后一起讨论之后采取什么行动来改进。

注意，行动一定要具体。比如分析出语文试卷上有几个错误是因为字认识不会写，孩子说"以后我认真完成抄写作业"，这种行动就不行，什么叫"认真"？"以后"到多久？可以跟孩子讨论，细化为："每天把五个字做成记忆卡片（提示面写拼音），按记忆卡片的方法来回忆默写。这样做一个月，根据下次考试情况再说要不要继续"。

对大部分孩子来说，考后复盘这事自己是做不好的，而且不会自发去做，因为人的天性是考完了就抛到脑后。所以一定是父母开始带着做，每月一两次，持续半年，就会养成习惯。而习惯事后复盘的人，不只善于以考试促学习，更善于从经验中成长。苏格拉底说，"没有反思的人生不值得过"，我们的孩子能利用考试学会反思，他们的人生会很值得过。

特别需要说明的一点，考后复盘中经常出现"这道题我会做，只是粗心了"这样的分析，这是不能接受的。下面专门说说对"粗心马虎"错题的复盘。

"粗心马虎"的错题

孩子本来会，但是考试做错了的题目，不要简单归为"粗心马虎"。
看这道题：

$$37 \times 4 = 128 \quad (粗心忘进位？)$$

$$37 \times 4 = 148 \quad (正确做法)$$

37×4 错算成了 128。复盘时，孩子又算了一遍，拍脑袋说："哎呀，我忘记进位了，应该是 148。"

他的意思是，其实这道题他会，做错是因为粗心了。但真是这样吗？看一下他的草稿纸，会发现他没有把进位的 2 标上去。而按乘法竖式计算的要求，进位的数字是要写的。所以，这道题做错的真正原因是流程不规范。

有二年级家长表示他的孩子粗心，简单的加法总是算错。但是实际了解下来，发现孩子根本就不会做有进位的加法。这就需要你在帮孩子复盘的时候，请孩子把这道题拆分到每一步，讲解给你。必要时，你还要追问他某一步的含义。这样就可以聚焦他的错题有没有集中在某些类型，或者特定步骤上。

"粗心马虎"真正的原因	学习力教练能做什么
☐ 熟练度不够。比如，乘法表不熟，有的时候对，有的时候不对。	☐ 增加熟练度。避免给孩子定无法 SMART 的目标，比如"用心一点！"
☐ 流程不严格。比如乘法，忘记用笔标志进位。	☐ 严格按解题步骤来。尽量用不同的方式检核。
☐ 理解不透彻。不知其所以然。	☐ 帮助孩子分析，发现错题集中在某些类型、特定步骤上，则请孩子用自己的话一步一步讲解。
☐ 不能集中注意力较长时间。	☐ 训练专注力。参考第 9 章。

工具【错题本】

错题本让考试中的错误变成财富。

错题本基础要求（适合小学生）：

1.积累，每道错题都收集。

a）无论是平时作业、随堂练习、大小考试的错题，都要收集。

b）可以抄到本子上，也可以用剪刀糨糊做个粘贴的错题本。

c）留出专门整理错题本的时间。可以是每天一次，放在作业时间的最后；也可以是每周一次，放在周五。每个孩子的喜好不一样，可以让孩子自己试验适合自己的时间。

2. 回顾，每次考前都回顾。经常回顾，才能体现错题本的价值。

错题本进阶要求（适合中学生）：

1. 错误分析

在每道错题旁边，用红笔写下错误分析——明确是答题失误，还是思维方法错误、知识错误、运算错误。

2. 对错比照

较为重要的错题，原题之外（原题是抄过来或者剪贴过来都可），要把原来的错误解法和正确解法都清晰写上，便于回顾时对比。

3. 配合记忆卡片

有些题目是要多次记忆的，那么直接在记忆卡片中加一类"错题卡片组"，配合第5章的"记忆卡片"来安排回顾。

如果习惯用手机上的记忆卡片App（如Anki），可以使用"拍照制作卡片"的功能：给错题拍照，当作卡片的提示面，再在卡片背面写下正确答案，这样一张错题记忆卡片就制作好啦。然后按照App的复习提醒去回顾就好了。

教练任务

1. 本章中有哪些内容在你家难以接受或者难以做到？为什么？ _____

_____

2. 本章中有哪些内容在你家马上就可以做起来？ _____

_____

3. 给孩子讲一堂应试力入门课，确定好时间、地点，做好物料准备，

并给孩子预告。

4. 帮助孩子养成整理和使用错题本的好习惯。

关于【应试力】常见问题

问：老师早就要求孩子整理错题本，但他老坚持不下来，怎么办？

答：首先，这件事有多重要？非常重要！其次，这件事要重复多少次？不是一次两次，而是要养成习惯。第三，这件事孩子自己能养成习惯吗？已经证明了，不能。

那么，请学习力教练帮助孩子养成习惯。参考第 15 章【学习共同体】中的"在学习共同体里养成新习惯"。

问：我认同"重学习轻分数，无错误不成长"，但老师总是用排名等方式强调分数，怎么办？

答：我们也要理解老师，毕竟目前大部分学校还是通过学生成绩来评价老师的任教能力。所以，只要老师没有羞辱孩子，那不妨把老师给的排名当成和分数一样的事实接受下来。

认知心理学发现，事实从来不会伤人，对事实的认知才会伤人。孩子对名次和分数的认知，受父母的影响远大于受老师的影响。关键是你自己够不够知行合一、心态平稳。孩子回来跟你说，"老师说我这次考试倒退了3名"，你平静地说，"哦，我们晚饭后一起复盘呗"，这样就足够传递给孩子"我更看重你从这次考试中学到了什么"的认知了。

第8章 | 教练自我修炼之【提问技能】

这样成为孩子的思维导师

善于提问，成为孩子最睿智的教练

我们先来测一下自己引导孩子动脑筋的水平怎么样。

情境一：假设孩子问你，"为什么会涨潮啊？"你的回答更接近下面哪一个？

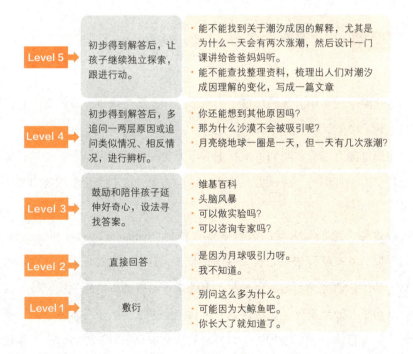

Level 5 初步得到解答后，让孩子继续独立探索，跟进行动。
- 能不能找到关于潮汐成因的解释，尤其是为什么一天会有两次涨潮，然后设计一门课讲给爸爸妈妈听。
- 能不能查找整理资料，梳理出人们对潮汐成因理解的变化，写成一篇文章

Level 4 初步得到解答后，多追问一两层原因或追问类似情况、相反情况，进行辨析。
- 你还能想到其他原因吗？
- 那为什么沙漠不会被吸引呢？
- 月亮绕地球一圈是一天，但一天有几次涨潮？

Level 3 鼓励和陪伴孩子延伸好奇心，设法寻找答案。
- 维基百科
- 头脑风暴
- 可以做实验吗？
- 可以咨询专家吗？

Level 2 直接回答
- 是因为月球吸引力呀。
- 我不知道。

Level 1 敷衍
- 别问这么多为什么。
- 可能因为大鲸鱼吧。
- 你长大了就知道了。

情境二：假设孩子问你，"我是中国人，为什么要学英语？"你的回答更接近下面哪一个？

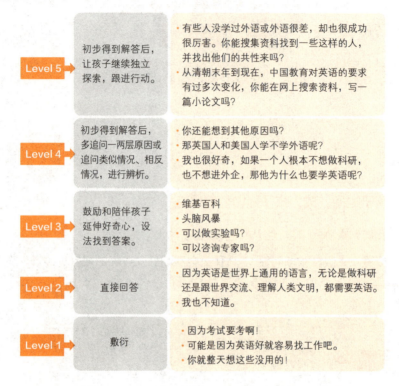

Level 5	初步得到解答后，让孩子继续独立探索，跟进行动。	· 有些人没学过外语或外语很差，却也很成功很厉害。你能搜集资料找到一些这样的人，并找出他们的共性来吗？ · 从清朝末年到现在，中国教育对英语的要求有过多次变化，你能在网上搜索资料，写一篇小论文吗？
Level 4	初步得到解答后，多追问一两层原因或追问类似情况、相反情况，进行辨析。	· 你还能想到其他原因吗？ · 那英国人和美国人学不学外语呢？ · 我也很好奇，如果一个人根本不想做科研，也不想进外企，那他为什么也要学英语呢？
Level 3	鼓励和陪伴孩子延伸好奇心，设法找到答案。	· 维基百科 · 头脑风暴 · 可以做实验吗？ · 可以咨询专家吗？
Level 2	直接回答	· 因为英语是世界上通用的语言，无论是做科研还是跟世界交流、理解人类文明，都需要英语。 · 我也不知道。
Level 1	敷衍	· 因为考试要考啊！ · 可能是因为英语好就容易找工作吧。 · 你就整天想这些没用的！

在这两个情境中，你回应孩子的水平达到了哪个级别？你的育儿合伙人又达到了哪个级别？

在思维能力部分，我们讲了自主学习力要关注的三种学习力要素，依次是记忆力、理解力、应试力。为什么是这三个？这三个是思维能力的全部吗？

1949 年，芝加哥大学的教育学家布鲁姆 (Benjamin Samuel Bloom) 说，美国学校的考试题目 95% 以上是在考记忆力，这显然太过偏颇。从此，布鲁姆带领团队研究学习的底层机制，为的是帮助教师更清晰地设定教学目标，从而更有效地设计考试测评。七年后，他终于出版了一本专著，一举奠定了教育目标分类学的理论。布鲁姆的研究成果引发了 20 世纪 60 年代美国的中小学课程改革运动，进而深刻地影响了全世界的教育实施。

布鲁姆后来担任了美国教育研究协会（American Educational Research Association）主席，他于1999年去世，之后的2001年，他的学生安德森（Lorin.W.Anderson）等学者推出了修订版模型，大家仍然称之为"布鲁姆教育目标分类"，或简单一点称为"布鲁姆认知技能"。

要知道美国教育部是不能干涉学校课程设置的，每个州甚至每个学校都可以自行选择教材。教育实践可以百花齐放，但教育目标应该有统一标准，所以在2010年，奥巴马政府开始推进CCSS（Common Core State Standards 共同核心州立标准）的制定，详细说明了每个年级在各个学科的教育目标，也就是说学校用任何教材、任何教学手段都可以，只要在学期结束时达到这个标准就行。制定CCSS所依据的理论基础就是布鲁姆教育目标分类。

布鲁姆教育目标2001年修订版列出的六类技能，从初阶到高阶依次是：记忆、理解、应用、分析、评估、创造。我们不必对每类技能做概念讨论，只从对应的行为动作就可有个大概了解。

- 记忆——识别、回忆、说出名字、引用、找到等。
- 理解——解释、举例、总结、推断、分类、比较等。
- 应用——执行、实施、演练、选择、完成、操作等。
- 分析——辨析、挑选、组织、归属、归纳、演绎等。
- 评估——核查、评判、推荐、批判、辩论、决策等。
- 创造——生成、设计、规划、撰写、发明、重组等。

总而言之，在布鲁姆看来，人的认知过程是从简单到复杂，由具体到抽象，由记忆到创造。对中小学生的学习来说，最常用到的是前三项：记忆、理解和应用。又因为学生最重要的应用场合就是应试，所以我们希望学习力教练能够在记忆力、理解力和应试力这三个要素上有能力有方法来

帮助孩子。

至于更高阶的分析、评估、创造，当然也很重要。不过，我国的教育目标不怎么强调这些，老师通常也不教。

你可能在想：如果我能帮助孩子锻炼这些思维技能就好了，只是，会不会很难？

难或不难，不取决于我们知道得多还是少，跟我们自己的思维水平关系也不大，最重要的，是思维导师的提问技能。

提问技能第一招：用提问来回应提问

孩子都爱问为什么，但父母的回答往往不够好，从而不能让孩子的好奇升级为好学。

父母要意识到：当孩子对一件事情产生疑问，我们给出的反馈，不仅是在回应他的问题，还对孩子有着更深层的影响。

比如，孩子好奇海浪是怎么形成的。

我们若敷衍了事，孩子的感受就是深究、探索、好奇是不被鼓励的。

我们若直接回答，孩子的感受就是学习最重要的是找到标准答案。（侧重记忆）

我们若鼓励孩子设法寻找答案，孩子就可能在这个问题上做到解释、总结、实践。（侧重理解和应用）

我们若延伸追问，孩子就会尝试去深度思考、细细辨析。（侧重分析和评估）

最后，我们若要求孩子独立探索这个课题，跟进行动，孩子甚至会就这个课题做出有意思的研究。（侧重创造）

从这个例子中我们不难看出，当孩子问为什么时，父母直接给出正确答案，很多时候相当于扼杀了真正的学习，因为正确答案将孩子的思维能力压制在了记忆和理解层面，无法升级到更高水平。

现在翻回本章开篇的自测，你是不是有了不一样的感受？父母引导孩子动脑筋的水平不同，日积月累对孩子思维技能的影响也会有巨大的不同。

思维导师提问技能的第一招就是，理解布鲁姆认知技能后，尽量用提问来提升孩子的思维层级，提问的具体思路从认知体系每一级列出的动词中很容易找到，下面给一些示范：

用提问回应提问

◎记忆

（回忆）我很好奇，你是怎么想到这个的？

（找到）咱家有哪本书里能找到答案吗？

◎理解

（解释）这样好不好？你想一个原因，然后我告诉你想的对不对。

（总结）你想到的这几种情况的共同点是什么？

（推断）猜一猜接下来会发生什么？

◎应用

（执行）要是你会怎么做？

（实施）得具备什么条件才能这样做呀？

（选择）这样做有什么好处？

◎分析

（辨析）都有哪些可能的原因？怎么验证？

（挑选）你觉得最合适的是哪个方案，原因是什么？

（组织）它和类似的事物有哪些区别？

◎评估

（核查）选择哪种做法，取决于什么？

（批判）有相反的例子吗？/在什么情况下，这样就是不对的了？

在特定情境下，哪些提问是适用的，多练几次就挥洒自如了，就能把每个孩子好奇提问的时刻转化成升级思维的机会了。

现在练习一下，当孩子问你"为什么云不会掉下来呀"，你都能怎么回应？再拿这个问题去测一测育儿合伙人吧。

提问技能第二招：穿插综合

我们在第 4 章【倾听技能】中讲的第二招——认可，可以拿到这里和不同层级对应的提问结合起来，让任何一次聊天都能变得趣味盎然，并配合随时开启的思维训练。

看个例子：

孩子：为什么每天都要写作业！要是不用写作业就好了！

爸爸：是呀，要是没有作业，每天就能多玩好长时间了，但是每个学生都是要写作业的。（倾听技能之认可）话说，你写了三年作业了，你想过为啥要写作业吗？（"理解"的提问）

孩子：没想过，反正要是没作业就更轻松呗。

爸爸：嗯，没作业更轻松。这是好处，对吧？那，没有作业有什么坏处吗？（"应用"的提问）

孩子：就是如果不写作业，学过的东西容易忘。

爸爸：所以，如果怎样就可以不写作业了？（"使用"的提问）

孩子：如果每次考试都考满分，就不用写作业了！

爸爸：哈哈，那你见过不写作业却能考满分的吗？（"分析"的提问）

孩子：没有吧？！要是我是超人就好了，超人肯定能不写作业也考满分！

爸爸：所以，正常人如果想考试得高分，就得平时认真写作业。你还能想到类似的例子吗？就是，如果想得到一个结果，就得平时持续努力？（"分析"的提问）

孩子：爸爸跑步！为了跑马拉松，你用了三四个月的时间来训练。

爸爸：就是呀。不过，我训练只要三四个月，你可要做十几年作业呢。

孩子：那我更厉害呗。

爸爸：是不是厉害，取决于你怎么看待作业，有人十几年都是痛苦地忍受，想到作业就愁眉苦脸；有人则想得很明白，反正作业天天有，不如精精神神地完成。你觉得哪个人才是真厉害？（"评估"的提问）

……

提问技能第三招：发散性提问和颠覆性提问

这一招针对的是布鲁姆认知技能的最高层级——创造。要想孩子有创造力，就要训练发散性思维与创新能力。

很多父母希望孩子成为学霸，但很少有父母希望孩子成为书呆子。区别在于，书呆子固然可以考试得高分，但除此以外就乏善可陈，大学毕业后无论继续深造还是进入职场，都不容易适应。而学霸，不仅有能力应试，更有能力应付各种挑战。

从中国的教育机制设计上来说，大学以前不太要求创新的能力，所以中小学老师不会过问。但从本科开始，只会死读书而缺乏发散、创新思维的人，就很难取得好成绩了。读硕士、博士的话，看的就是有没有创新的论文和科研成果，否则难以毕业。

你可能会说，只求孩子读个重点大学本科就行了，不要求再读硕读博。但工作一样也要求有发散性思维和创新精神。我们都是职场人，想想看，是不是做任何一份工作，若能具备发散性思维，能创新性地解决问题，都会更快脱颖而出？何况，未来越来越多的重复性工作会被人工智能替代，只有有创意的工作不可替代。

为什么现在大学生都抱怨工作难找，而用人企业却在抱怨招不到合适的、有能力、能把工作做好的人？因为没有训练过相关能力呀。

所以，值得父母深思的一个问题是：如果孩子在上大学之前，没有训练发散性思维与创新能力，等到上大学时就晚了，很有可能他已经被压制

成了无聊又无趣的解题机器。

解决问题的能力、创新能力，不是等着灵光乍现就会有的，这是一种能力。创造力本质上是"大脑对旧知识进行重新组合"。只要大家平时闲聊时注意常问如下两类问题，就可以促进孩子的大脑对旧知识进行各种重组，效果就非常好，远比把孩子送去五花八门的思维训练辅导班好。

发散性提问——在没有答案的地方问问题

比如问孩子：一本书都可以用来做什么？给你 5 分钟时间，咱们两个一起想，看能想出多少用途来。

这个提问游戏的好处之一是公平。你和孩子玩其他游戏，很多时候你得让着孩子，不然孩子没有赢的机会。但玩这个游戏，哪怕孩子只有五六岁，也有可能比你想得更多或更有意思。

"发散性提问"可以随时随地玩起来。走在路上时，孩子说："妈妈，看那儿有块砖头。"你就可以回："一块砖头可以用来做什么？"在家里，孩子说："爸爸，我想看电视。"你就回："哎呀，你今天看电子用品的时间已经用完了，不如我们玩个游戏。请问电视除了可以看，还能用来干什么？"

在给孩子讲故事，或者陪孩子一起看电影电视的时候，可以问问孩子："如果你是作者，会怎么往下编这个故事？"我家两个孩子都非常喜欢这个游戏，现在已经学会了编故事要加冲突，要有意外，要能呼应……我给孩子读《意大利童话》，经常是读到某个位置停下来，然后和他们一起编后面的故事。他们都很兴奋，叽叽喳喳地编，之后会更加期待作者的故事是怎样继续的，并跟自己编的做对比。

这都是发散性提问。发散性提问的目标是，对一个没有标准答案的问题，想出尽可能多的回答。注意，数量比质量更重要，也就是尽量不要评价孩子的回答，再不靠谱也是"对旧知识的重新组合"。

颠覆性提问——如果事情不是现在这样，那会是怎样？

如果水能燃烧，那会怎么样？

如果昨天你没有去上游泳课，那可能会怎么样？

如果汤姆抓住了杰瑞，那会怎么样？

如果今年春节没有爆发新冠肺炎，那现在会有哪些不同？

如果在《复仇者联盟3》里面灭霸敲了响指，死的是另外一半人，而不是现在电影里边这一半人，那故事会怎么发展？

……

这些都是颠覆性提问。你的提问，在孩子的大脑中构建了一个平行宇宙。孩子不再觉得当前的一切都是理所当然，而会兴奋地发现，没有什么是不能挑战的，没有什么是不能改变的。一般人看到的世界，事事按部就班，而被颠覆性提问训练出的孩子，看到的世界充满可能性。

"如果我们搞一个产品，跟自己最成功的产品充分竞争，那会怎么样？"——大部分企业家都会说这个想法太天真，但腾讯就是这么搞出的微信。

"如果一双袜子的两只长得不一样，那会怎么样？"——听起来似乎不可理喻，但就这么个颠覆性提问，产生了现在最赚钱的时尚品牌之一。

一个人在纽约打算开个饭店，在设计菜单的时候突然问自己"如果饭店根本没有菜单，根本不让人点菜，那会怎么样呢"？这个法子看起来异想天开，但后来大获成功。国内也有这样的餐厅了，取消点菜环节，厨师做什么菜就给你上什么菜，你不想要可以退回去。这样的餐厅出乎意料地广受欢迎。

绝大多数重大科研突破，都是突破常规思维方式的结果。达尔文在某个时刻问自己，"如果每个生物不是从来就这样，而是很慢很慢演化成这样的，那会怎么样"？然后有了演化论。爱因斯坦在某个时刻问自己，"如果光不是在以太中传播的，如果根本没有以太这种东西，那会怎么样呢"？然后他演绎出了狭义相对论。

我自己，大学学的专业是物理学。因为我中学时对物理特别感兴趣，尤其是每次考试最后那道题，提问角度通常都很刁钻，但我就是很感兴趣，很享受那个解答过程，所以物理成绩很好。现在的高考，理综的难题更是考验学生的思维方式。

总之，父母在闲聊中多给孩子提一些颠覆性的问题。这样训练孩子的思维，他做题会冒出其他人都想不到的思路，他做科研能找到其他人都想不到的方向，他工作中也能发现其他人根本注意不到的问题，做出让其他人意想不到的成果。

发散性提问和颠覆性提问，既轻松又好玩，却可以帮孩子训练出非常有价值、非常稀缺的能力，从而让孩子未来的人生更丰富多彩，达到其他人——包括我们做父母的——不敢想象的高度。

我们不需要知道答案，只要平时善用提问回应提问、穿插综合，再加上发散性和颠覆性提问，就能成为孩子最睿智的思维导师。

Part Three
第三部分

父母能促进的科目积累

○ 科目积累主要在语数外，不仅因为这三门科目是小
学和初中的绝对大头，更因为学好语数外积累的学
习方法，可以轻松用到史地政理化生上。

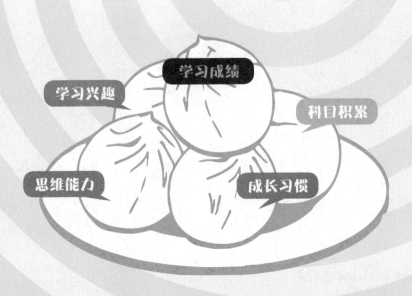

Part Three
第三部分

第 9 章 | 学习力要素【陪作业】
磨蹭低效？每天只要这样陪作业

陪作业的常见误区

很少有家长不为孩子作业头疼。有位奶奶想了个办法：把一堆零食放到书桌上排成一排，孩子做完数学作业就可以挑一个吃，做完英语作业可以再挑一个。你觉得这个办法怎么样？

确实有效，但是不值得推荐。这个方法能让孩子在一段时间内集中注意力做作业，但是他心里的目标不是做完作业，而是做完作业后得到真正想要的零食。长此以往，当失去外部激励的时候，或者零食不再那么有吸引力的时候，孩子就更难保持专注。

你家孩子做作业时有没有这样的表现？

- □ 折腾书本、笔纸、橡皮的时间远超正常需要。
- □ 听到任何响动都会左顾右盼。
- □ 觉得作业时间太长，觉得自己做不到，觉得累……

隔三岔五有父母辅导作业到怀疑人生，觉得孩子是故意捣乱，不肯用心。斗智斗勇到筋疲力尽，最后顿悟——"想来想去还是命重要，作业什么的就顺其自然吧！"

如果明确目标是通过陪作业来提升孩子的自主学习力，那么只要把握住简单的原则，再用上简单的工具，就不仅能让孩子养成日常做作业的好习惯，更能训练出孩子重要的能力：专注力。

陪作业的原则：是陪不是催，作业主体是孩子。

父母一定不要扮演监工的角色。"该做作业了啊""今天语文有多少作业啊""怎么半天了才写了这几个字呢""我看你今天晚上是别睡觉了""用点心好不好"……你越着急上火，孩子就越觉得作业是你的事儿。

一位妈妈说，她家孩子上四年级了，每天晚上拖到 11 点才写完作业，只要不盯着就不知道他在干吗，自己都快气出心脏病了。

我说，你能不能告诉孩子，检查作业是老师的责任，保证睡眠是家长的责任。所以，你要督促他 10 点上床，无论如何 9 点半要停止写作业。

这位妈妈很惊讶："那他肯定做不完作业，怎么办？"

我说，你不用管，只要你不想"怎么办"了，他就必须想"怎么办"了。

她还是担心："赵老师你不知道啊，老师是要求家长催作业的，还要家长签名的。"

我说，我知道有些老师是这么干的，甚至会在家长群里点名。但你就跟孩子说，做作业的时间到 9 点半，我相信你能写完。实在写不完，那也得放下，准备洗漱睡觉。你这么聪明，明天肯定能想出办法跟老师解释。这时候孩子就会想了，我真能想出怎么跟老师解释吗？老妈是真的不打算催我了吗？让他去琢磨，让他去焦虑，让他自己承担后果。

这位妈妈一周后给我反馈：孩子前两天作业没做完，晚上紧张到失眠，她忍着没去管。老师果然找她说了孩子的作业情况，她在老师面前唯唯诺诺，转身到孩子面前一脸轻松："老师找我说你作业了啊。"

果然，妈妈不着急，孩子自己就着急了。

但孩子知道着急了，写作业的问题就都解决了吗？没那么简单。这是第一步，他知道着急就有了改变的意愿，就认识到了作业是自己的事情。然后，我们要帮他训练相应的能力——专注力。

每次作业都在训练专注力

蒙台梭利说，**最好的学习方法就是让孩子聚精会神学习的方法**。孩子能不能做好作业，关键看他的专注力。而专注力，可能是成功人生最重要的能力之一。作业没做完，会影响一时的成绩，而专注力不够，影响的是人生能达到的高度。

值得注意的是，受电子游戏、电视节目、手机等影响，以及作业量的增加，孩子的专注力越来越弱。

于是，我们就可以换一个角度看待孩子们的作业，将每次做作业都看作是训练他们专注力的机会。

第一，建立规律，时间表要固定。

我家的时间表是回到家先做作业，我知道在有的家里是晚饭后开始做作业。时间表可以和孩子一起商定。每家可以根据需要来确定，关键是让大家都知道并且遵守。

一旦建立了规律，就不用老提醒"该做作业了啊"。曾经有个大孩子对我说："有好几次我正要去做作业了，但听老妈一催'快去做作业'，我就不想去了。"

第二，尽量帮助孩子建立积极情绪。

有些父母常会说"做不完作业不许睡觉"之类的话，但惩罚或威胁不能让孩子更专注，因为焦虑会损害孩子大脑的前额叶皮层。相反，积极情绪有助于持续专注。

怎么形成积极情绪呢？首先，情绪是会传染的，父母都绷着脸，孩子也会放松不下来，父母眉角带笑，孩子也会快乐；其次，实践第 2 章中"关注过程的反馈"，孩子会更积极乐观；再次，经常跟孩子聊目标，无论远期的目标（梦想）还是眼下的目标（完成当天作业后一起拼拼图），孩子会有从憧憬中得来的喜乐。

第三，减少干扰，清除书桌上的无关物品，避免做作业过程中受到打扰。

把书桌上的无关用品全部清掉，只保留跟当天作业有关的东西。对低年级的孩子，可能需要父母提醒，先检查需要的所有文具是不是都在了。避免写了三分钟就出现"我橡皮呢……我转笔刀呢"这样的情况。问题是，很多父母不仅没有意识帮孩子减少干扰，反而会成为干扰。譬如，孩子正在做作业，妈妈在旁边看着，过一会儿忍不住伸手："这个字是这么写吗？你这个字怎么写得这么难看啊？这道题你再算一下，真是这样吗？这个是单数还是复数啊？"这就是在干扰孩子，降低他的专注力。如果有必要，可以等这一份作业完成后再跟他说，或者请孩子自己检查。

其他的干扰还有哪些？声音（来自厨房、电视、电话）、杂事（这个橡皮给你买新的了啊，别再丢了）、弟弟妹妹在旁边玩……有些事对专注力强的孩子来说不是问题，但对另一些孩子就是很大干扰，需要避免。

第四，要有间隔休息，但休息时不能看电视、玩手机、玩 iPad 等。

心理学家丹尼尔·戈尔曼（Daniel Goleman）说，我们可以把专注力视作意识的肌肉，它可以通过锻炼得到强化。同样，肌肉在高强度使用过后需要放松，专注一段时间后也要休息。学校里每堂课 40（或 45）分钟，就是因为孩子难以坚持更长时间。其实，若是高度专注，成年人一般也只能持续 20 ～ 30 分钟，孩子就更短一些。所以最好是专注做作业 15 分钟，就休息 3 ～ 5 分钟。

休息时要离开座位，活动一下身体，倒杯水、吃点水果都很好。注意不要做会沉浸投入的事情，否则心思就不好回来了。

第五，养成"一次只做一件事"的习惯。

我们都知道不该一边看电视一边做作业，其实，边做手工边听故事，或者边写作文边吃东西，都不是好习惯。神经科学的研究发现，人脑不同于电脑，不适合"多线程"。人们以为并行处理两件事会更高效，但是得不偿失。所以趁早建议孩子一次只做一件事。

第六，对很多孩子来说，安静的陪伴有助于专注。

很多家庭是在孩子房间放他的小书桌，我家不是，我在客厅摆了一个长桌，够四个人一起使用。孩子放学到家会喊："爸爸，我今天作业得一个半小时，你今天有工作吗？"我说："太好了，我也有东西要写。"于是，孩子一边，我一边，开始各忙各的。有时候，孩子妈妈也会拿本书加入进来。这样的默默陪伴，别说孩子了，我自己的工作效率都比平时高。

以上这些通过日常陪作业来训练孩子专注力的方法，你可能尝试一条就有效果，也可能全做了但孩子依然容易分心。别着急，记住专注力就像肌肉，只要持续训练，必能越来越强。

学习兴趣三要素在作业中的应用

目标

1. 对专注做作业，合适的目标是什么？

不是完成得更快，也不是错得更少，而是这样：昨天做作业，你每次能持续高度专注大约 10 分钟，然后就忍不住走神了。今天咱们能不能做到每次高度专注 12 分钟？

2. 对缩短做作业的时长，合适的目标怎么定？

定目标不难，符合 SMART 原则的目标大概是这样：在三周之内，把每天做作业的时长从 2.5 小时减少到 2 小时。但跟孩子沟通目标时，要注意"自主性""胜任感""价值感"。

比如，孩子说数学作业太多了，不可能半小时做完。那好，你把今天的数学作业拿出来，先看口算题一共有 60 道。你现在做 20 道，我开秒表计时。结果，算完 20 道题只用了三分钟。那所有口算题，应该 10 分钟可以完成。这样孩子就有胜任感了，知道自己有能力在半小时做完全部数学作业。

反馈

1. 如果孩子走神了，妥当的反馈是什么？

既然专注是一种能力，那么走神就是能力接近极限的表现，不要呵斥责骂孩子。比如游泳，你的体力只能游 500 米，呵斥并不能让你游得更远。所以，如果孩子已经专注了十几分钟，那应该休息一下。如果才几分钟就走神，那就温柔地提醒一句，请他将注意力回到作业上就好。

2. 如果孩子作业提前做完了，合适的反馈是什么？

先说最不合适的反馈，"既然这么早完成了，就再做点这个那个吧"——只要有这么一次，孩子就知道早做完作业没好处，以后不如拖到最后。合适的反馈就是让孩子知道，提前完成作业赚来的时间是他自己的，他应该有随意支配的自由。

难度

1. 孩子讨厌抄写生字作业，怎样调整难度？

抄写的主要困难是枯燥，如果能让这个过程有一点创造性，孩子就觉得有意思了。比如，作业要求是每个字抄写 20 遍，那可以这样教孩子：写下一个字，停下来，跟字帖对照，找出一点不同，写下个字时注意改过来。重复这个过程五六遍，能看出每个字都比前一个更接近标准。后面十几遍，就不看字帖了，快快写下就好。这样有成就感，也有节奏变化，从而不那么枯燥。

2. 孩子读英文短文，总是忘记发音，磕磕绊绊读不下来，怎么调整难度？

还记得学习力要素【记忆力】中的"遗忘曲线"吗？要点是"每当开始有一点遗忘的时候，提示孩子进行一轮检索练习"。哪怕短文只有十句，也不要一遍读完再来第二遍。而是拆成一句一句，甚至一个词一个词。把一句跟读几遍，能自己读出来了，进行下一句，然后要求他回过来读第一句。这样做可以减少回忆内容、缩短回忆的间隔，也就降低了朗读作业的难度。

工具【番茄作业法】

训练专注力的要点不少，要慢慢消化，不妨先尝试用好一个工具吧，就是番茄作业法。

这里说的番茄，不是吃的那种，而是厨房里常见的番茄钟计时器。其实任何形式的计时器都可以，重点是使用它的规则。

_____个番茄，约_____小时

番茄作业法五字诀"设分种收卖"，缺一不可：

1. 设番茄：一个番茄时间设为 15 分钟。番茄与番茄之间，要间隔休息 3 ～ 5 分钟。

2. 分番茄：每天开始做作业前，先把当天的作业拆成很多小份，保证每一小份能在一个番茄时间内（10 ～ 15 分钟）完成。把拆分好的作业写在一页纸上，作为当天的番茄规划表。

3. 种番茄：先从容易的那份番茄开始"耕作"。每个番茄完成，在番茄规划表上打钩。

4. 收番茄：在一个番茄时间内，要高度专注，绝对不做其他事情。任何原因的中断，都是不完整的番茄，该番茄不能通过验收。每天作业完成后，统计一下当天成功种植的番茄，记录下来。

5. 卖番茄：孩子可以积攒番茄来兑换他想要的东西。具体的兑换机制每家不一样，要跟孩子提前商定。

如何培养孩子
自主学习力

实践番茄作业法的提醒：

第一，不要马上进入具体的学习，而是先"分番茄"。把作业拆分成小份，不仅可用来预估当天的作业时长，更有助于养成做事之前先统筹安排的习惯。这是一个番茄规划表的例子：

1. 数学选择题、填空题（10min）
2. 制作语文英语背诵卡片（10min）
3. 数学大题（15min）
4. 背诵英语单词例句卡片（15min）
5. 英语语文抄写作业（15min）
6. 背诵语文诗词卡片（10min）

共 6 个 🍅，约 2 小时。

把番茄规划表放在书桌上，还能起到类似于游戏中"进度条"的作用：每完成一个番茄时间，就打个钩，从而带来成就感，把学习进度可视化。

第二，把容易的那份作业作为第一个番茄，因为可以很轻松地进入心流状态、带来积极情绪，而困难的作业会带来拖延。

第三，高度专注，意思是绝对不做与当前这份作业无关的任何事情。什么叫绝对不做？孩子喊，妈妈我要上厕所。你过去看看，说这个番茄还剩 6 分钟，能再忍 6 分钟吗？如果能忍，那这个番茄时间继续。如果实在忍不了，那就去，但是这个番茄时间作废。等孩子回来要从头开始一个番茄时间。

严格执行规则，但说这些话时态度要温和。只要孩子在刚接触番茄作业法时不排斥，很快就能体会到，这是给自己带来帮助的工具，而不是额外要背的负担。

第四，如果有家人一起遵守番茄时间，效果会更好。尤其是刚刚开始使用番茄作业法的时候，父母在旁边看书或工作，都是陪伴。不用刻意盯着孩子，只要把规则说清楚后，在旁边做自己的事情，并在同一个番茄时间内保持专注。

第五，卖番茄的机制要认真对待，这会让孩子更愿意持续使用番茄作业法。番茄能够兑换的东西一定是孩子在乎的。或者反过来想，很多孩子想要的东西，都可以成为要用一定数量番茄兑换的筹码。"你昨天攒了6个番茄，今天又攒了5个，等攒到40个番茄的时候，就可以买你想要的乐高套装了！"

一位爸爸跟孩子约定每5个番茄时间可以兑换半小时游戏时间。（他家的游戏时间是孩子跟爸爸或妈妈一起玩游戏机，所以更是快乐的亲子时间。）

一个两娃家庭，说好暑假第二个月去海边度假，但前提是暑假第一个月必须一家人攒够450个番茄。别看这个数字很大，但他们是算过的：白天两个孩子，晚上加上父母，一起种番茄、收番茄，这样一天能攒下20个番茄，一个月是能够完成任务的。

还有的家庭直接把番茄货币化，一个番茄兑换人民币4元。我问孩子爸爸会不会担心动机转移，他说半年多实践下来，孩子专注力明显提升，用番茄写作业的习惯也养成了，每个人都开心。又有用，又开心，那没问题呀。

教练任务

1. 对于训练专注力这六个方法，在你家哪几个做得好、哪几个可以改进？

建立规律，时间表要固定	□好 □一般 □可改进
尽量帮助孩子建立积极情绪	□好 □一般 □可改进
减少干扰，清除书桌上的无关物品，避免做作业过程中受到打扰	□好 □一般 □可改进
要有间隔休息，但休息时不能看电视、玩手机、玩 iPad 等	□好 □一般 □可改进
养成"一次只做一件事"的习惯	□好 □一般 □可改进
给孩子安静的陪伴	□好 □一般 □可改进

2. 对需要改进的项目列出改进目标（符合 SMART）和具体行动。

_____

_____

_____

3. 自己先尝试工作一个番茄时间（成年人的番茄时间一般设为 25 分钟，然后休息 5 分钟），再规划如何带着孩子用起来。规划时，重点考虑哪些细节要求可能难以落实，以及怎样持续直到养成习惯。

关于【陪作业】的问题

问：关于"一次只做一件事"，我有疑问。孩子常常一边做作业一边听音乐，我也习惯一边跑步一边听音乐，我感觉挺好的啊。

答：跑步听音乐，是因为日常慢跑大都是在"自动巡航"状态，没有挑战，所以不需要专注。你见过运动员在训练的时候戴耳机吗？不会的，迎接挑战的训练必须高度专注。

关于听音乐能否促进学习，也是如此。研究表明，听激烈的音乐、有歌词的音乐，会分散注意力。听轻音乐的话，对学习的负面影响小一点，但并没有发现明确的好处。

就是说，在孩子进行无挑战学习行为（抄写、整理等不用思考的）时听点无歌词的音乐，并没有大碍。但在学习内容需要深度思考时，还是安静的环境有助于专注。

问：孩子以前用过番茄时钟配合写作业，试了两周有效果，但后面就不用了。怎么才能坚持？

答：首先，番茄作业法要完整地使用。常常有人说"我家试过番茄钟"，一问才知道根本没有完整实践"设分种收卖"的整个流程，要么没做"分番茄"的预备，要么没谈"卖番茄"的机制。

在方法正确的前提下，看到效果是好的，就值得成为习惯。但怎么成为习惯，本身需要习惯养成的能力。

成年人也有类似经历：练习了两周游泳觉得效果不错，坚持了几周冥想觉得效果不错，尝试了几天早起觉得效果不错……然后，就没有然后了。

好在我们的孩子有我们督促。他尝试过，认可效果，我们再督促他每天严格执行，他会认可这是在帮他。持续三个月以上，就会养成习惯。

更多帮孩子固化习惯的方法，可参阅第15章的"习惯养成战队"。

第 10 章

学习力要素【教听课】

听而不闻？每堂课都会拉开差距

孩子听课要不要管

2020 年因疫情在家办公期间，我在一个家长群里看到这么一段对话："孩子在家上网课，看她上课不守纪律，做练习敷衍了事，我变得特别暴躁，甚至想动手打她，我该怎么办？"

另一位妈妈安慰道："她以前在学校上课很有可能也是这样的，只是你没有看到而已，所以想开点吧。"

虽是戏谑，也有三分真道理。我常听到父母对陪作业的抱怨，却少见希望孩子听好课的诉求。中小学生每天作业时间也就两三个小时，相比来说，每天听课的时间长多了。难道我们对孩子的听课效果真的是"眼不见心不烦"吗，还是"放心，有老师在肯定没问题"？不然，我们稍稍回想一下自己的中小学时期，肯定记得：同样 40（或 45）分钟，不同的人学习效果天差地别。

关于孩子听课，父母的常见表现有：

☐ 不闻不问。在家认真做作业归我管，在校认真听课是老师管。

☐ 简单命令。你上课要用心！要听重点！不懂就问！不要做小动作！

☐ 课外补课。认定孩子在课堂上只能学到一定水平，只有额外加料才能脱颖而出。

这三种做法都是错的。

与其他学习力要素一样，孩子把课听好也需要掌握一些技能，包括预习的技能、听课的技能、做笔记的技能。这些重要的技能，老师一般只会给出泛泛的要求，只能由作为学习力教练的父母来指导孩子。

便签预习法

预习不是浏览。如果只是泛泛地看一遍，会让第二天听课有虚幻的熟悉感，反而影响注意力。

预习不是提前学习。就算孩子能做到提前自学，那也是浪费了时间。

预习的真正目的，不是为了听课更轻松，而是为了让听课更有目标，让孩子带着预期去上课。所以，最好的预习是"预告片"式的——看过电影预告片吧：长度通常在两三分钟，观众从中不可能知道所有细节，主要是展示电影类型、强调卖点、引起观影兴趣。孩子的预习，就是要在短时间内达到类似的效果。

我们把这些预告片的特点工具化，产出一张"预习便签"。

预习便签上的四个项目，都不需要写太细。就像预告片一样，跳过具体内容，找到问题和要点。所以，每项都是一两句话，合起来用一张便签足矣。即便是这样，低年级的孩子自己仍然不容易做到，所以一开始最好由父母示范怎么写。熟练之后，通常孩子花 5 分钟左右就可以完成一张预习便签。这件事算得上一举两得：既完成了预习，又训练了孩子"带着目的阅读"的能力。

写好的预习便签，贴在课本相应书页上。第二天听课时，这张便签就起到提醒要点的作用，孩子听到相关的地方就打上钩。

预习便签不是听课笔记，不必保存，

□ 这一课主要讲：＿＿＿
□ 这一课的新问题：＿＿＿
□ 解决新问题要学的
新方法：＿＿＿
□ 新方法跟哪些学过的
概念方法有联系：＿＿＿

听完课、打过钩后就可以撕下来扔掉了。

我们再介绍一种独特的"看题预习法"，可以配合预习便签使用。要说明的是，这个方法不见得适用于每门科目或每个孩子，但不少学习力教练反馈说孩子特别喜欢这个方法，居然把预习做得像解谜一样有意思。

做法就是，预习时不看接下来要学的课程内容，而是看课后题、同步题，并尝试以此猜想回答预习便签上的问题。

看一个例子：下图是接下来要学习内容的课后练习题：

小学数学一年级人民币练习题

一、填空。

2 元 =（　）角　　　　　　　　12 角 =（　）元（　）角

6 元 8 角 =（　）角　　　　　33 分 =（　）角（　）分

9 角 =（　）分　　　　　　　4 角 2 分 =（　）分

77 分 =（　）角（　）分　　　10 角 =（　）元

4 元 5 角 =（　）元 +（　）角 =（　）角

8 角 + 7 角 =（　）角 =（　）元（　）角

二、填 "元"、"角"、"分"。

1. 一支铅笔 3（　）　　　　　2. 一瓶饮料 5（　）

3. 一个气球 9（　）　　　　　4. 一根针 2（　）

5. 一个铅笔盒 15（　）　　　　6. 一盒巧克力 36（　）

三、在○里填 ">"、"<" 或 "="。

2 角○ 15 分　　　30 角○ 30 分　　　14 角○ 1 元 4 角

3 元 9 角○ 4 元　　45 角○ 4 元 3 角　　5 角○ 52 分

8 元○ 6 元 +3 角　　9 元 +12 角○ 10 元

四、将下列物品的价格按由低到高的顺序排队。

13 元 4 角　　39 元　　78 元　　3 元 5 角　　42 元

_____　_____　_____　_____　_____

五、换钱填空。

5 个 2 分一共是（　　）分，可换成（　　）角。

那么，不看课本内容，只看这些课后题，孩子能猜想着填写出预习便签吗？

☐ 这一课主要讲：算钱

☐ 这一课的新问题：元角分怎么相互换算

☐ 解决新问题要学的新方法：一元等于多少角，等于多少分

☐ 新方法跟哪些学过的概念方法有联系：十进制、数位

把预习当作一个游戏，让孩子试试看。如果他能写出预习便签，就说明起码在这个科目上看题预习法是适用的。

注意：只要能写出预习便签来，预习任务就算完成，不必再要求孩子看课程内容。

看题预习法的理论基础是认知科学的研究成果：先"考试"，后学习，可以极大提高学习效能，因为这样做会起到提醒重点、调动兴趣、激活相关知识、促进连接的效果。

与直接进入学习相比，先猜测后学习使你的大脑能以更高要

求去运作，从而使知识更深刻地印在了脑中。更直白地说，跟直接学习相比，预考更容易把知识"赶进"脑子里去。[①]

最后，关于预习再有一点实操上的小提醒：

- 不要提前预习太多，只预习明天的就够了。
- 每天作业完成后安排预习。这样既能与学过的内容衔接，又有助于记忆。产出是每科一张预习便签，合计不超过一个番茄时间（15分钟）。
- 如果某天实在没时间，只预习薄弱学科即可。

教孩子学会听课的原则

为什么要求孩子"上课要用心听讲"是没用的？

一方面，听课需要专注力。专注力就像肌肉，要循序渐进地训练，不能简单粗暴地要求。如果一个健身教练跟你说"拉杠铃时你就使劲拉"，那他一定不专业。

另一方面，"用心听讲"是一个不符合SMART原则的目标，既不具体，也没法衡量。想象一下，如果把你带到一个广场上，对你说："请用心观察！"你会怎么样？大概是茫然地左看右看几分钟，纳闷到底要观察什么。但如果你得到的指令是"观察所有身体强壮的人，找一个最有可能愿意帮忙搬箱子的"，那就清楚了。

听课也是如此，孩子的注意力需要一个具体的切入点和着力处。

第一，带着问题听课。

有问题，就有了听课的目标。我们听讲座、看电影会打哈欠，但看医生从来不会走神，哪怕医生说得再枯燥。区别就在于是不是带着问题听的。所以教孩子听课前要预习，而预习最重要的就是找到问题。

长此以往，会培养出孩子发现疑问的能力。中国学生普遍缺乏这种能

---

① 本尼迪克特·凯里.如何学习［M］.玉冰，译.杭州：浙江人民出版社，2017：125.

力。我曾问过一位中国人民大学的外教，给中国学生讲课和给美国学生讲课有哪些不同。他说，在美国的课堂上总有好多学生举手提问，而在中国的课堂上，大家都在埋头记笔记。他很努力地想改变这一点，他告诉学生如果只是记笔记，自己看教科书或者在线学习慕课 ① 就好了，现场学习一定要努力想有什么问题。

同时，有个细节我们可以注意：对中小学生来说，有疑问不一定要马上举手问老师。原因是：大部分疑问在老师讲课过程中都会得到解决，若讲课完全没有提到，很可能是老师认为不重要。跟孩子说，带着问题听课，但如果听课中没有找到答案，下课单独问老师。

第二，带着思考听课。

告诉孩子，课上老师每次提问，无论有没有叫到自己，都当成是问自己。好的老师都会在备课中刻意设计提问，还有自问自答，用意就是激发思考。

第三，带着任务听课。

课上要完成的任务有：在预习便签上打钩。高年级要记笔记。低年级可以在课本上画下解题思路、解题步骤。

关于记笔记的要点，我们会在后面的工具"听课笔记"中展开。

关注孩子与老师的关系

一方面，孩子喜欢哪位老师，哪科成绩就好。另一方面，老师会给喜欢的孩子更多关注和积极反馈。

而"喜欢"这事，从来都是相互促进的。对于孩子和老师之间的关系，家长能做些什么呢？

---

① 慕课是 MOOC 的音译，为 Massive Open Online Course（大规模在线开放课程）的缩写，是一种任何人都能免费注册使用的在线教育模式。很多中外著名高校都把优秀课程放在 MOOC 类网站上。

我们要主动跟老师见面沟通，但也不要太频繁，每位老师不要超过一个月一次。尽量提前约，在老师的工作时间，在学校，真诚而自然地沟通就好，交换一些关于孩子的想法，多倾听老师怎么说。若在辅导孩子科目上有疑难，也可以跟老师请教。凡做老师的，天性都不会拒绝好学的人，无论是学生还是家长。

有一位班主任讲，她的一位学生家长，在沟通时委婉提到自家孩子心思细腻，如果得到认可和鼓励后会加倍努力。班主任心领神会，后面就找机会在班上表扬那个孩子。几次之后，孩子在她面前就自信多了，敢表现自己了，家长也反馈孩子越来越喜欢班主任。

平常跟孩子闲聊时，可以很自然地问起他对老师的看法，尤其是成绩偏低的科目，判断孩子是不是对这门课的老师有意见。如果听到孩子不喜欢某位老师，不用紧张，正好实践倾听技能的"复述"和"认可"，让孩子充分表达，并感受到我们对他的理解。

春节时，我和妻子去一个亲戚家，亲戚家有个女孩，这个学期以来数学成绩一落千丈。她说他们数学老师爱批评人，话里常带着讽刺。我妻子说："是啊，我也不喜欢老批评人的人。我以前单位里有个领导也是这样……"小姑娘听了就很开心，因为大人没有反驳她。她又说她的朋友也讨厌那位数学老师。我妻子问她："这个老师脾气不好，那他有什么优点吗？"小姑娘想了想，说："这个老师还是很认真的，批改作业比以前的数学老师更细致。"

有个道理让孩子越早知道越好：老师和爸爸妈妈一样，都不是完美无缺的。就算不喜欢一位老师，可能他身上也有一些值得尊重的点。引导孩子能够平衡地、完整地看待一位老师，就不至于因为一位老师而放弃一门课。

个别情况下，真碰到水平和人品都不怎么样的老师，或者孩子死活就是厌恶某位老师，怎么办？以前很麻烦，现在好办了，家长可以帮孩子挑选一门口碑好、专业水平高的网课来替代。

但话说回来，选一门网课用来替代关系搞不顺的老师是可以的，在假期或中考前挑几个网课名师帮孩子点拨方法、巩固知识也是好的，但不要想着用自选网课完全替代在校听课。毕竟占用孩子学习时间最长的，还是在学校的听课。

工具【听课笔记】

听课要记笔记，这似乎天经地义，但我们在调查后却发现大家对记笔记这件事众说纷纭：

初中再开始做笔记！

越早养成记笔记的习惯越好。

笔记必须记在书上，不要用单独的笔记本。

用红蓝两色笔来记笔记，蓝色利于激发创造性，用来记内容，而红色利于提高精准度，用于画要点。

康奈尔笔记法！黄金三分法！聪明人用方格笔记本！

上课认真听讲，课堂上不要做笔记！

我就从来不记笔记。有些人笔记做得可以当教案，但一问三不知，有啥用呢……

关于做笔记的这些说法，每个都言之凿凿，也许是因为每个都行之有效——对某个人是有效的，却不见得适用所有人。

记笔记确实是重要的听课方法，做法千差万别，但基本原则不变：

笔记不是抄板书。老师不一定把重点都写到黑板上，写到黑板上的不见得都值得记。记笔记本身是一个思考判断的过程：哪些需要记、怎么记。

笔记不是越全越细越美观越好。无论小学还是中学，上课时间最重要的一定是跟着老师的进度听课、跟随老师的要求思考，其次才是记笔记。如果因为要把笔记做得细致而影响了跟着老师的节奏思考，就得不偿失了。

笔记不能这里一点那里一点。记在一个地方：要么都记在课本上，要

么都记在专用笔记本上。

笔记不是记了就完了。不回顾还不如不记。不仅考试之前要回顾，平时做作业、预习时也要常翻。

没有一种适合所有人的、最好的笔记做法。

我们把原则教给孩子，然后鼓励孩子尝试适合自己的笔记法，这才是培养他们的自主学习呀。

小学生笔记这样记

- 小学低年级，一般要求动用"眼""口""耳""心"来上课，动笔记录不做要求，可以鼓励孩子把老师强调的一些关键点写在书上。高年级，老师很可能会要求做笔记。
- 一般直接记在书上即可，不需要单独的笔记本。
- 把课本上需要记忆的内容圈起来。
- 课本上的解题步骤要画出来，旁边标上序号①②③……
- 记几个老师强调的关键词。
- 父母可以看看孩子的笔记，对比原则，给一些反馈。

初中生笔记这样记

- 可以记在书上，可以有单独的笔记本。前者方便复习，后者方便记录。
- 无论记在哪儿，课上只记关键词、记步骤。可以先记在草稿本上，课下再整理。
- 课下整理也是回顾和深度理解的过程。尝试建立联系、画出框架。

○ 用彩笔（视觉刺激，新鲜不容易厌倦），多画图（框架联系）。

○ 如果记在书上，不妨配合便签（因为便签能撕下，方便整理更替）。

老师讲的知识点、练习册扩展的知识点、复习资料中你不知道的知识点……都补充到笔记中。

教练任务

1.带孩子尝试一下"看题预习法"，看他在哪些科目上适合用这个方法。

2.给孩子准备几种不同规格（大小、颜色、有无横线等）的便签本，让他选自己喜欢的来实践"便签预习法"。

3.看孩子的听课笔记，猜想他在哪些方面需要改进，然后跟孩子讨论怎样应用本章讲到的记笔记的原则。

关于【教听课】的问题

问：我该给孩子报补习班吗？这里听课和预习的方法也适用于补习班吗？

答：如果你已经决定给孩子报补习班，那么这里的方法同样适合。如果你还在犹豫要不要给孩子报补习班，这个问题没有简单的答案，建议参照第12章【信息技能】中的做法去搜集、分析和整理，再做出适合具体情况的决定。

问：我家孩子上八年级，平时也按老师的要求记笔记，但记得乱七八糟的，他也不爱回顾。

答：首先要明确，对初中以上的学生，记笔记和回顾笔记，跟整理错题本和回顾错题本一样，不是可选项，而是必须做的学习动作。

其次，把记笔记的原则教给孩子，原则之外孩子可以自己调整，鼓励孩子迭代出最适合自己的笔记法。

人都喜欢美的东西，喜欢自己精心创造的东西，所以还可以用精致的文具培养孩子，把记笔记当作创造美的过程。

我在一位朋友家，看到孩子铅笔盒里几支笔各有特色。孩子兴高采烈地跟我讲这是什么牌子何种型号的铅笔，那是什么牌子何种型号的铅笔……顺手还拿过其他文具给我介绍，那是爸爸去日本出差给带回来的铅笔袋……比起其他孩子对篮球鞋如数家珍，他对文具的劲头丝毫不差。其实这些文具大都二十来块钱，比球鞋可便宜多了，也耐用多了。原来，他四年级拿到第一支钢笔时在班里引发一众羡慕。从那时起，他慢慢就爱上了文具。爸爸妈妈会送给他新的文具做礼物，他会主动要某个文具做奖励。关键是，因为整理笔记本和错题本是使用这些心爱文具的场合，所以他就愿意花更多时间在做笔记上。

第11章

学习力要素【语数外】

无所适从？每一科的兴趣、成绩与内力

语数外除了作业和听课

陪作业，是完成老师的要求。

教听课，是跟随老师的进度。

一方面，我们协助孩子落实老师的安排，使用学习计划促进表、记忆卡片、错题本、番茄作业法、便签预习法、听课笔记等工具，提升孩子的成绩和自信。

另一方面，我们也有自己对教育的追求，与老师的教学互补，共同促进孩子语数外的短期兴趣、中期成绩、长期内力。所以，在语数外三大科目上，除了配合老师的教学安排之外，家长还应该做一点什么。

语文，家长重点管作文和阅读

中国古代要求学生掌握"礼乐射御书数"六艺，类似的，古希腊开创的西方人文主义教育传统推崇自由七艺。前三艺（trivium）是语法、修辞、逻辑，也就是如何理解文字、运用语言以表情达意。后四艺（quadrivium）分别是算术、几何、音乐和天文。柏拉图在《理想国》中说，学习七艺使人超越功利的目的，更关心内在的价值、实现内心自由。

直至今日，语法、修辞、逻辑仍是所谓"博雅教育"（Liberal Education）的基础。从中小学的教学大纲中，我们其实能看出对语文课承担三艺教育功能的寄托。但实际上，无论语文课本还是教学实践，都做得远远不够。这方面的专业批评有很多，但普通父母批评语文课本、语文教学的意义不是很大，不如我们稍微多做一些事，起码能为自家孩子带来真正的帮助。

父母能帮到孩子的，主要是作文和阅读。这两项和三艺的关系最大，短期来说影响成绩，长期来说影响一生，外在影响表达谈吐，内在影响思维和价值观。

在作文和阅读上促进孩子自主学习，父母只需要四两拨千斤。阅读方面，我们单列一章（第 14 章），这里只说作文。关于孩子的作文，父母本来都在做事，但如彼得·德鲁克所说，做正确的事，远比正确地做事更重要。

一二年级

起步阶段，家长的主要任务是帮助孩子破除写作的神秘感，消除作文的压力，让他觉得写东西有意思，促进孩子的表达欲。

这个阶段，有的孩子对执笔写字有畏难情绪，这很正常。有些孩子，平时说话滔滔不绝，一到写作文就抓耳挠腮。这时候父母过去说："你先说说，你想怎么写？"结果怎样呢？很可能没用。因为孩子已经被灌输了，写作文是很严肃、很困难的事情，跟平时说话不一样。无论这个认知是谁导致的，父母都有责任来纠正。

孩子爱写就写，若不爱写，我们就和孩子聊天，请孩子说出来。比如给孩子念完一本小说，问问他怎么看待主人公的改变，他说出的话，就是一篇作文。王鼎钧先生说，"文章是说话的延长"，所以父母平时要让孩子认知到会说话就能写文章。

我们还要尽可能地鼓励，一有机会就表扬，没有机会创造机会也要表扬。有一年暑假，我们在乡下住了一段时间。一天上午，两个孩子敲书房的门来找我，儿子道道跟我说他们编了一首歌，要唱给我听。我说好。他们刚要开始唱，我又打断，说等一下，我要打开电脑，新建一个 Word 文档，把他们的歌词记下来、打印出来。他们的歌曲名叫《夏天的时光》，一共五句。打印出来后，请他俩签了名，贴在墙上。那几天，每当家里来了客人，我都要炫耀一番：看，孩子写的歌词！

三四年级

鼓励孩子多拿笔，写自己想写的东西。可以模仿拟写，可以改编故事，可以穿越时空，可以周游世界，可以角色扮演，鼓励孩子尽情在笔尖释放想象力和创意，同时养成"具体描写"的习惯。

比如，孩子看了《冰雪奇缘》，念念不忘，就请以安娜公主为主角写一个"同人故事"。比如，孩子提到想念以前的一位小朋友，不妨请他编一篇假设他和那个朋友在唐朝长安的街头偶遇的场景。

老师没法做这个，因为教学大纲规定了各种作文的条条框框。而很多父母心里也有一个"作文起码应该是什么样的"的标准：字要整齐，主题要清晰，用词要准确，最好还能有成语、排比、名言、漂亮句子等，于是这些父母忍不住拿一些应试作文的评价标准来对待孩子的作文。

其实这些都不是这个阶段最重要的要求。这个阶段，我们对孩子写的东西只提两个要求：

第一，描写要具体。"你这里写安娜公主穿着漂亮的衣服，那到底是怎么个漂亮法？""她送的这朵花，是玫瑰花还是牡丹花，什么颜色，带不带叶子，有没有刺？"描是描绘，写是摹写，这是"修辞"的基础，可以培养细腻的观察力和表达的打动力。

第二，不要想太久。有时候孩子会说没想法。但人不可能没有任何想法、感受，他说的实际是"想法凌乱无法写成文句段落"。这样继续想下去效果也不好。这时，请孩子把能想到的随便什么写到便签上，一张便签一个词。把写了词的便签贴到墙上，再对着便签去想怎么连缀。这是在训练"逻辑"：思路连贯了，必然就能表达清晰。

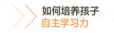

四年级和以后

过了四年级，父母要开始指导孩子一些写作技巧。注意是写作技巧，而不是应试作文技巧。应试作文技巧长这样：

作文要素看字迹，得分要素是第一。
考试作文五六段，干净整洁看卷面。
开头结尾要简练，最好首尾两行半。
动笔之前要拟题，漂亮标题如美女。
作文首尾要打眼，丰富多彩出亮点。
……

考试作文的开头方法：六要素开头法、题记开头法、悬念开头法、引名句开头法、排比句开头法、拟人式开头法、设问式开头法、对偶式开头法、合用修辞开头法、巧述典故开头法、诗文引用开头法。

而写作技巧是这样的：
- 写外貌试试不用"有"
  - ▽"××可漂亮了，她有一头卷卷的长发，有一双乌黑的大眼睛"
  - ▽"××卷卷的头发披在肩上，她的眼睛太吸引人了……"
- 把副词"很"和"非常"换成描述
  - ▽"天气很热"
  - ▽"骄阳似火，没有一丝风。树叶低垂，毫无生气……"
- 描写一道菜的四种方法……

应试作文技巧，大部分语文老师都会教，家长不用费心。而真正好的写作技巧，是从最优秀的作品中提炼归纳出来的，是极好的训练语法、修辞、逻辑的工具，而且可以促进阅读深度。

我们不需要自己琢磨作文技巧。市面上已经有很多这方面的优秀图书了，我们买给孩子，陪孩子翻翻，请孩子在作文中针对性体现就好了。

对小学生的作文，我个人推荐两套书：蒋军晶《作文九问》，是一位特级教师的思考和实践。王鼎均《作文四书》，是一位著名作家的提炼和总结。

如果你不只是父母，还是语文老师，那还可以参考一本专业的小学生写作教材《美国学生写作技能训练》。

父母最好把这样的写作技巧书当作菜谱。不追求快速读完，用几年的时间，陪孩子一条条实践。孩子会发现写作的乐趣，更实践了通过写作修炼"语法、修辞、逻辑"这三艺。

初中之后

大部分语文老师，课上会讲应试的内容，但同时也会告诉孩子，语文不只是为了考试。这些老师是清醒的，有对文学和文字的爱。不过，也确实有些语文老师，把语文教育简化为基础题、阅读题、作文题。如果孩子遇到的是后者，那父母尽量不要做这些平庸老师的帮凶。应该有人告诉孩子：那些试题远不是语文的全部。

父母不需要是文学鉴赏家，但要确保孩子读到的都是好文字。比如，爱看武侠小说，那金庸的文字比各种网文要好多了，进而可以看《基督山伯爵》，因为这本书是最像武侠小说的文学名著。哦，要选周克希先生的译本，因为外国文学不同译本，水平差别很大。读的都是好文字，自然会在笔头流露出来。

我有一个小心得：孩子如果有喜欢的作家，就给他至少同时买三本，让孩子一段时间浸泡在这位作家的语言风格中。

另外，对语文教育特别有兴趣的家长，家里书架上可以放一些知名作家和教育者的著作，自己翻翻或给孩子看看，都是好的:《寻找语文之美》（傅国涌）、《这才是中国最好的语文书》（叶开）、《文字的故事》（唐诺）、《让学生爱上写作的阅读地图》（高诗佳）、《一个独立教师的语文之旅》（郭初阳）、《美国特级教师的历史课》（程修凡），等等。

至于语文学习的其他方面，配合老师的安排，听课、写作业、记忆、理解、应试，够了。下面是一位优秀的中考生记录的初中语文学习心得，可让很多家长心里有个谱：

初中语文卷子基本就三块：基础题，阅读，作文。

基础题字词句，有一多半都是背的。除记叙文阅读外，其他题型基本上就是背一下解题思路。

做题总结，典型题也记一记。

语文阅读理解答题是有技巧的，老师应该会分题型讲解。

多背古诗多记方法，记住老师讲的答题格式。

……

数学，家长重点管查漏补缺

数学的最大特点就是逻辑、体系、框架。这个特点就带来了它与其他学科的重大区别：孩子的语文或英语，如果个别几节课没学好，只影响跟这几节课内容有关的成绩，但数学哪一课没学好，会产生持续的影响。

学数学很像搭乐高。所有孩子拿到的是同一张图纸，孩子发育有早晚，能力有侧重，学习进度应该不同，但学校统一的教学进度却迫使每个孩子用一个速度来搭建。

这样一来，很多孩子会不可避免地在某个步骤搭松了，将某块砖放错了。孩子理解有误，或熟练度不达标，等不及他赶上，老师已经按照教学进度走到下一步了。

长期下来，乐高垒得越大越高，前面的问题砖块就会带来更大危险，好像整个建筑都松垮不堪。

很多学生的数学存在问题，本质上都是这个原因。如果不能找出有问题的砖块（可能是很久之前的某个知识点），只抓当下阶段的作业和习题，并不能真正解决问题。这是数学这门学科的特点决定的。

那难道要从头学起吗？当然不是，用不着全盘重来，只要找到问题砖块，将它加固搭牢即可。

有一个女孩子，其他科目都不错，学习态度和习惯也都没有大问题，只是数学总在七八十分间徘徊。升到四年级后，新来的数学老师花了大力气帮她梳理检查，最终发现小学二年级的乘法竖式她从来就没真正掌握。找到了真正的问题就好办了，把乘法竖式的概念、练习进行强化训练后，孩子的数学成绩开始稳步提升。

道理是这个道理，但现实情况是数学老师没有精力给每个孩子进行这样的诊断。但父母可以。

针对数学短板查漏补缺的做法

（一）基本做法跟乐高拼错了怎么检查修复是一样的。首先要看说明书，了解都有哪些步骤、哪些砖块。父母在网上搜一下"小学数学知识点汇总"，就是"说明书"了。

（二）分析最近孩子的数学考试错题：错的原因到底是什么？是多位数加减法、四则混合运算，还是关系式……

（三）耐心地问孩子，判断孩子对错误涉及的知识点是概念没理解，还是步骤不熟悉，还是熟练度不够。

（四）找机会跟老师沟通，讲讲自己的观察，一方面从老师那里获得信息，一方面老师也会对孩子更加关注。

（五）找到"问题砖块"后（一般不止一处），从最弱的点着手修补，一个一个来。

（六）很可能要把临近的砖块也动一下，才能修补好这块。比如四则混合运算是问题砖块，那可能要从第一级运算（只有加减法）开始补，确认巩固了，再把乘法加进来，把乘法分配律加进来。

（七）不要责骂孩子，而是让孩子知道这很正常，告诉孩子就像拼一套复杂的乐高一样，总会出现问题砖块，有些人问题出在这里，有些人问题出在那里。当你发现若干步之前有一块没搭好，并不是说你整个都拼错了。哪块砖有问题，我们调整哪块就好啦。

还有，低年级小学生的一些数学短板是语文阅读理解的问题。对这种情况，父母不要着急给孩子解释，而是请孩子给你复述题意、给你画图解释，这样可以更好地提升孩子理解题意的能力。如果在讲解题目时，孩子还能跟你讲清楚答案为什么是这样，讲清楚解题思路，为什么这样是对的，那样是错的，怎样是更好的，这些都会锻炼整理思路的能力，这是跟解题能力不一样的能力。

最后，很多中小学生厌恶数学，是因为还没有发现学习数学的乐趣。

134

如果父母有能力，可以引导孩子发现数字、公式、解题思路的"化繁为简"之美。学生对数学往往看重结果对不对，但懂得数学思维的父母可以让孩子知道，思考过程起码同等重要。对问题内涵的理解、解题思路的多样性等体现数学思维的训练，可以让孩子在中学和大学之后走得更远。但这些就相对要求较高了，对数学教育特别有兴趣的家长，家里书架上可以有这些书：《数学家讲解小学数学》(伍鸿熙)，《一个数学家的叹息》(保罗·洛克哈特)，《度量：一首献给数学的情歌》(保罗·洛克哈特)，《陶哲轩教你学数学》(陶哲轩)，等等。

英语，家长重点管阅读和对话

有这么一个段子。一人问："孩子 5 岁，只记住了 800 个单词，够不够用？"另一人答："看在哪儿，在美国肯定够用了，在中国恐怕不够。"

很多成年人一说起英语，想到的就是背单词、练发音。之所以这样，并不是因为这符合英语学习的规律，而是自己读书时在单词上要么吃过亏、要么吃过苦，并且英语老师普遍追求发音准确、口音纯正。父母有了这样的认知，就会要求孩子熟背单词、正确发音。

但英语首先是一门语言，其次才是要考试的学科。所以，最重要的是有足够量的输入。学前阶段，从两三岁开始，我们就可以给孩子选择原版英语素材，儿歌、绘本、应用程序、动画片等。英语材料浩如烟海，只要会搜索挑选，免费的资料会比很多所谓学前启蒙的付费课程更好用。

比如，给三四岁的男孩挑选原版动画片，可以先在网上搜索，看看其他父母的经验之谈。适合这个年龄段的比如《托马斯小火车》(*Thomas & Friends*)，《巴布工程师》(*Bob the Builder*)，《消防员山姆》(*Fireman Sam*)，《数学城小兄妹》(*Team Umizoomi*)，等等。如果孩子不喜欢某一部，那换一部就是了。当然，播放时不要字幕，更不要中文配音。

类似的，给孩子寻找适合的绘本和儿歌。用这些英美孩子熟悉的资料来营造一种环境，让孩子在语言能力发展阶段通过听、看、玩，自然地亲

近这门语言。

那么，小学阶段要考试了，是不是就该送培训班，要求背单词了呢？事实上，报高价的辅导班，苦口婆心要求每天背诵，这些心血往往不能换来孩子英语成绩的提升。问题出在哪里？方向错了！对小学英语学习来说，除了完成学校布置的任务，父母只要做两件事就足够好：给孩子合适的、足量的阅读素材，陪孩子每日进行简短英语对话。

关键是，这两件事并不难。

首先，英语阅读，目标是让孩子能够舒服地、比较轻松地大量阅读英文。只要给孩子选一两套英文分级读物，约定每周的阅读量，就可以轻松实现，父母和孩子都轻松。

因为英语世界对阅读的教育实践比较深入，所以有很多优秀的分级读物品牌，如美国小学生中最流行的 Raz-Kids、著名的牛津阅读树（Oxford Reading Tree）、培生英语系列（Pearson 是全球最大的教育出版机构，国内多家出版社引进了不同阶段的系列）、海尼曼英语启蒙读物（Heinemann，分三个阶段）、兰登书屋出版的 Step into Reading（分 5 级）、英国 Usborne 出版的 My Reading Library（这家出版社专做趣味童书）……

这些分级读物，都很不错，又各有特点，有兴趣研究的父母可以搜索对比，挑选最适合自己孩子的。对大部分孩子而言，不妨选择 Raz-kids 或 Oxford Reading Tree，以其晋级体系为主线，其他的随意采买作为选读。

拿 Raz-Kids 为例，它从 aa-ZZ 分为 29 级，A—E 这 6 个级别对应幼儿园阶段，F—I 这 4 个级别对应一年级，J—P 这 7 个级别对应二年级……可以给孩子购买电子版账号登录网站或 App，淘宝上也能找到书。

每个级别有十几本到几十本书，听起来不少，其实孩子十天半个月就能看完。电子版有朗读，还有简单的测试，通过测试就可以打开下一级。

使用分级读物，要点是宁从低、不攀高。孩子读得舒服、轻松，阅读量就会水到渠成。

最常见的误区是父母盯着孩子的级别，追求尽快升级。有一位妈妈给孩子选的是牛津树，说前面一年多孩子挺喜欢的，但最近一次升级后，觉得难了，就不爱读了。解决方法很简单：既然孩子在这个难度上卡住了，那就退回一点点，再去找一两套分级读物，选出适合孩子现在水平的级别，让他在舒服的阅读难度下刷阅读量。

当然分级读物主要解决的是"读"（虽然很多是配有朗读音频的，不过孩子越大越习惯只看文字），有心的父母还可以找到很多"听"的资源：经典绘本配音，有的能搜到绘本作者自己阅读的音频或者专门的配音；有些App提供专业儿童歌曲资料；优秀的原版儿童动画电视、儿童主题电影，等等。

这样大量"读"和"听"的输入足以解决基础的语感和词汇问题，还需要再加上输出。在小学阶段，"说"比"写"更重要，最好就是每天都有英语会话。课上老师不可能给每个学生足够的会话量，这就需要课下父母来补充。

很多父母觉得自己发音不准，认为还是送到辅导班请专业老师来教更好。但每周上一小时辅导班，老师要照顾多个学生，平摊到每人还是说不了多少。语言学习最重要的是量，尽量每天有10～20分钟的英语会话。除了爸爸妈妈，还有谁能做到？

最不用担心的就是发音不标准。一来，英国美国也有方言，加上各地移民，口音五花八门，只要不妨碍理解，口音根本不是问题。二来，孩子上中学后，找个假期专项攻克一下发音，一个月就能矫正。

顺便说下，英语辅导班不是不能送，关键是别想当然认为报了班就万事大吉，自己就不用管了。

工具【小老师小黑板】

对于语数外，我们最主要的作用是促进孩子的"主动学习"。认知科学和教育心理学的研究都给了确凿的结论，主动学习的效果优于被动学习。

孩子上课听讲、听音频、翻书、抄写，这些可能都是完全不过大脑的被动学习，也有可能是在跟着积极思考的主动学习。但写作文、归纳、重述、纠错、对话等，就一定是主动学习。

最好的主动学习，是教别人。"小老师小黑板"就是对"教是最好的学"这一原则的落地工具。

小老师小黑板的要点：

1.让孩子当老师，给家人讲课。

2.讲课前，准备好课本、笔记。但请"老师"在开始讲的时候不看书，先概述。等到讲具体内容时可以看书或笔记。

3.听课时，"学生"适时提问，给老师积极反馈，最后向老师表示感谢。父母一定记住自己的角色，不要让孩子觉得你在评价他。若对授课有建议，课下再提。

4.不见得每一科、每一天都要做。先从孩子比较自信的科目开始试起来。

5.父母要负责教孩子针对语数外的不同科目特点来备课。

直接跟孩子说"把你今天学的给我讲讲吧"，会让孩子不知所措。他不知道怎么讲、讲什么。有些孩子胆子大，乱讲一气，也达不到效果。

所以我们要教孩子做小老师怎么备课：

语文

○ 请孩子用逻辑图（如思维导图）画出课文结构。

○ "师生造句问答"：把当天学的生字、生词写到黑板上，老师和学生依次选词来造句，前一个人造疑问句，后一个人就造个肯定句来回答。

数学

○ 请孩子用自己的语言讲清概念，说出联系。

○ 给"学生"出题：题目可以参考作业或习题，但不能直接搬过来用。

英语

○ "师生对话"能高效熟悉句型、语法和单词，用这个来完成每天 10～20 分钟的会话。

○ 制作教具：单词和例句卡片。这些卡片不仅是现场教具，同时也是记忆卡片。

教练任务

1. 关于孩子的语数外学习，有哪些本章没有提到，而你本来在做或想做的事情？最初要做那件事的目标是什么？实践效果如何？

语文 _____

数学 _____

英语 _____

2. 把本章中适合在你家即刻开展的内容规划出行动。

_____

_____

_____

关于【语数外】的问题

问：语文上，除了管作文和阅读，我还想要求孩子每天诵读《声律启

蒙》，应该对学古文和热爱传统文化有好处吧？

答：当然可以。"艺多不压身"，有好处的学习项目还有很多。父母有精力，孩子有时间，学就是了。但如果大家都已经挺累了，那就需要排排优先级，结合自己的追求和孩子的喜好，衡量每个学习项目的投入产出比。

问：孩子学校就有让学生讲课的安排，每次我家孩子都很不愿意上台，我让他在家做小老师，他也不愿意，怎么办？

答：学校有安排，说明老师也认可这种方法。孩子不乐意，说明在执行中有环节没做好。

有一位高中语文老师说，他们学校参观过河北某著名中学后，回来就进行课改，推广学生讲课的方法，但那一届成绩并不好。他总结说，在学校用这个方法对讲课的那位同学是有好处的，但对其他同学来说，学习效果不如听老师讲。

跟高中不同，小学老师让学生上台讲课，更多是为了增加课堂变化、锻炼孩子的表达能力。理想情况下，老师应该提前帮助要讲课的孩子备课、试讲、反馈。实际上，很少有学校老师能完全做到，因为面对的学生太多。在准备不足、没有排练、缺乏指导的情况下给全班同学讲课，多数孩子当然会发怵。

还有一种情况，有孩子偷偷跟我说，他在家不愿意做小老师，因为知道爸爸妈妈会居高临下地挑毛病。理解了孩子为什么不愿意当小老师，就容易想到父母应该怎么做孩子才会愿意了：指导备课、轻松氛围、尽力鼓励。

第12章 教练自我修炼之【信息技能】

这样成为孩子学习问题的侦探

信息技能，面对任何疑难的底气

先来自测一下你的信息技能水平：

Level 4 · 专家
· 熟练使用网络搜索，善于处理纷繁信息。通过分析前因后果，整理适用边界，从而能像深度咨询过权威、资深的专业人士一样，得到最适合自己的解决方案。

Level 3 · 高手
· 能判断某篇文章的可信程度，而且会挑出质量较高的信息对比阅读。

Level 2 · 普通
· 遇到孩子的教育问题，从来都是自己尝试解决，摸着石头过河，没有搜索信息的意识。
· 上网搜索发现信息杂乱，有时候明白了，有时候更懵了。

Level 1 · 韭菜
· 刷手机像逛街，随机被标题吸引，看内容照单全收，常常焦虑，常常心动，然后掏钱，还以为赚了便宜。

你现在处在哪一段位上？

不论你把这本书读得多细，还是不可能解决自己家的所有问题。好在有网络，我们甚至可以得到全世界的信息，我们遇到的任何与孩子学习有关的问题，网络上一定有人分享过。可惜，因为欠缺信息技能，很多人入宝山而空手归，还有很多人被垃圾信息影响，上了广告软文的当。

141

网络信息内容繁杂，噪声太大，污染思考。有人说网络就是个垃圾场。这话不够客观，其实，网络更像一个农贸市场。想象一下，你身处一个农贸市场（北方叫赶集，南方叫庙会），人群熙熙攘攘，摊位鳞次栉比。最容易吸引你注意力的会是什么样的摊位呢？那些嗓门大的，话术精心设计，那些信心足的，号称包治百病——往往就是卖蛇药的、卖大力丸的、卖狗皮膏药的。

充斥网络的垃圾信息也有等级和目标受众。不入流的，像"量子阅读"之类骗术，虚造概念收割韭菜。常见的，是各种自媒体似是而非，追逐流量套路迭出。手段高的，有一家家商业机构欲迷人眼，花样宣传防不胜防。

一位研究自媒体的投资人跟我说，很多爹妈都是亲子类自媒体的"肉鸡"——所谓肉鸡，原意是被黑客控制的电脑。自媒体写手套路熟练，想让你哭你就会哭，想让你笑你就会笑，更多的时候他们会让你焦虑，因为人们一焦虑就愿意掏钱解决。

不信，现在拿出手机，打开微信，搜索一下"决定孩子的一生"，看看结果：

单看每一篇都好有道理，堆在一起惊觉满眼垃圾。中年人常常纳闷，为什么手机上针对老年人的谣言文章那么多？因为，那些针对中年人的谣言文章，正在被中年人点赞收藏和转发呢。

如今人人都有手机，若不具

备分辨谣言流言、垃圾信息、营销信息的能力，结果就是，我们对很多与孩子学习相关的问题，不是没有认识，而是有很多错误和混乱的认识。

农贸市场上当然有好货，就像砂石中混有真金，但能不能挑出对自己有价值的来，还需要我们主动寻找，并熟悉分析和整理信息的标准。这就是信息技能。

前互联网时代，若缺乏信息技能，遇事尽己之能，决疑事倍功半；拥有信息技能，就不必"重新发明轮子"，事半功倍。

如今移动互联，若缺乏信息技能，常常听风是雨，难免受骗吃亏；拥有信息技能，随时尽人之智，如虎添翼。

看一个例子，一位信息技能较强的家长的表现：

遇到问题：三岁半的小朋友，有必要报英语培训班吗？有一位销售顾问给我介绍，他们机构有自己的课程体系，用游戏的方式熏陶孩子听力和口语，但价格实在有点贵。

问身边人，众说纷纭：

家人 A：太麻烦，每次上课接送都得我去，上课还得在外边等着，有这个时间还不如自己在家教呢。

朋友 B：你家有人接送，费用能允许，孩子也乐意，那就选择一个正规机构学习。

群友 C：我家没上过培训班，都是我给她读简单绘本，我觉得每天积累更重要。

上网搜索并分析信息：

网页 D：推荐 ×××！我同事去的那家，很不错。

（分析：作者也非专家，仅基于个人经验。应算劣质信息。）

网页 E：一年学费上万，给娃随便挑个英语培训班？看完这篇再决定！

第一节，英语是一门语言。

第二节，学员年龄分类。

第三节，教学体系分类。

第四节，如何挑选培训机构：看硬件、看外教、看体系。

第五节，报名培训班的误区。

（分析：抬头一看，作者是一个机构号。属于营销文案。）

网页 F：这位妈妈你好，我说说我的看法。我女儿五岁多，已经上了半年的培训班。关于上培训班会不会给孩子太大压力……（几百字之后）所以我给孩子选择的是 ×× 少儿英语，因为我看它们的体系非常科学和贴心。

（分析：因为最后的推荐和文章整体风格，谨慎怀疑这篇是软文。不过，文中提到了一个"英语学习敏感期"的概念，有点意思。把这个词作为关键词再次搜索。）

网页 G：谈一谈孩子英语学习敏感期……相关结论：辅导班可以上，怎么选择，已经有很多讨论和推荐的信息了。最重要的是，父母若能在孩子的英语启蒙上做一些事情，会比单纯地上培训班效果好很多。

整理信息：在三岁半的孩子学习英语这件事上，父母做正确的事＋优秀的培训班＞父母做正确的事＞只送培训班。

应用信息：结合网页 G 推荐的做法，本周和育儿合伙人共同讨论出孩子的英语启蒙计划。

当我们遇到与孩子学习相关的问题，上网寻求解决方案时，应该像侦探一样"调查真相"。

信息技能第一招，主动搜索，就像侦探调查走访，寻找证人证言，找出有价值的资料。

信息技能第二招，前因后果，就像侦探分析信息，仔细审视资料，追问因果，建立联系。

信息技能第三招，适用边界，就像侦探整理信息，结合实际情况，理清前提确定边界。

信息技能第一招：锁定问题，主动搜索

教育的首要目标永远是独立思考和判断，而非特定的知识。

——爱因斯坦

从 PC 互联发展到移动互联，看起来只是人们使用网络的终端从电脑变成了手机，实际影响更加深远：人们对信息的使用，从搜索变成了订阅，从找内容变成了等推送，从主动变成了被动。所以，很多人用手机更像逛街赶集——"那边开了家新店，听说不错，去看看，也许有合适的包包"。闲逛一圈后，拎了一堆原来没打算买的商品回家。人们在微信群里、在微博、在公众号和朋友圈、在各种推送文章的 App 里，是不是跟逛街赶集一样？人们不假思索就受某个标题吸引而点进去，而认同文章的观点，而点赞收藏转发……

侦探不会逛街赶集，而是调查真相。侦探在接到案子后才行动，总是对自己的目的很清晰，主动出击调查走访，辨别证人证言证物，加工梳理结论并验证。

如果看到一篇文章，提了一个新概念，让你醍醐灌顶，别急着转发，先搜索。

如果有人跟你推销，推荐一个好课程，让你跃跃欲试，别急着掏钱，先搜索。

如果遇到一个麻烦，解决起来老大难，让你愤怒气馁，别急着郁闷，先搜索。

主动搜索的具体做法：

○ 熟悉常见搜索平台及其特点，如微信搜索、知乎搜索、Google 搜索、Wikipedia 搜索、百度搜索、微博搜索等。

○ 初步通过关键词搜索，过滤掉明显的广告和商业平台的信息。

○ 初步判断某篇文章的可信程度：看出处（是否权威网站或媒体号）、

看作者（是否专业背景），看文章风格（是否给出论证过程和索引出处）。

○ 主动搜索的目标不是找到一则信息当作金科玉律，而是挑选到质量相对较高的几篇文章：内容比较公允，论述比较理性，思考比较周全，举例有正有反。

再来举个例子：

在我们一个"孩子学习力教练"的群里，有人问："哪位听说过自然拼读法？"提问的这个爸爸刚刚在回家路上被塞了一张宣传单，上面写着自然拼读法有多好多好，比音标法有多少优势……于是，他犹豫要不要让孩子去学。

我说，你这样在群里问，期待得到什么结果呢？如果有两个人说自然拼读法挺好，有一个人说她家孩子学过没啥用，那能帮助你做决策吗？不如你去搜索一下"自然拼读法"，找到两三篇质量较高的文章，然后大家一起分析。

他真的去做了调查，第二天转到群里 3 篇文章，篇幅挺长，观点不一。他说，为了挑这 3 篇文章，他浏览了几十篇（当然很多都是扫两眼就关掉了，根本不值得细看），现在虽然还没有结论，但已经有了一定了解。起码知道"孩子到底要不要学习自然拼读法"这个问题，并没有一个简单绝对的结论。

这样，通过主动搜索筛选出了几篇文章，就像一位善于抽丝剥茧的侦探调查到了几个目击证人，然后，要对这些信息进行进一步的分析和整理。

信息技能第二招：分析信息，前因后果

在收集到各种证人证言后，侦探怎样判断信息质量？

标准是：**劣质信息往往只给结论，优质信息一定会有上下文**（context）。

有人给你一瓶药，说这药能治好你的病，你会吃吗？除非你对这个人

绝对信任（不仅信任他的人品和动机，还要信任他的专业度），否则你是不敢吃的。但如果这瓶药附带着说明书，给出了药品性状、适用症、剂量与用法、注意事项、副作用、失效期等各种详细说明就好了，你可以根据这些来判断这种药是不是适合自己。

信息的上下文，就相当于药品的说明书：它是什么，它解决什么问题，问题的原因是什么，解决的原理是什么，具体怎么使用……

没有上下文的信息无法分析。有了上下文，就可以分析了，像侦探一样追问前因后果：

- 这个信息的主题是什么？结论是什么？
- 跟我有什么关系？重要不重要？
- 文章中给出了哪些因果关系？经得起推敲吗？
- 如果按文章中的结论去做，对我的好处是什么？
- 有没有新的关键词可以优化搜索？

上面案例中的那位家长按照这个方法分析了几篇文章，主题是对比"自然拼读法"和"国际音标法"，自然拼读的英文是 Phonics，字典里的意思是"语音学"。可见它并不是多么划时代的创新。英美儿童广泛使用 Phonics 和 Whole Language 来学单词，但不见得适合中国孩子。（文中阐述了因果关系）因为自然拼读强于训练拼读规则，但本身不解决发准音的问题。这对英美孩子不是问题，他们有语言环境，自然能发准音。非英语母语的孩子学习自然拼读，就必须额外解决发准音，优势就不大了。而且有大量单词不符合拼读规则，不如学好国际音标就可以读准所有词。综合来说，自然拼读法"不如一开始就学国际音标"。

他说，这篇文章中的因果关系比较清晰，就他的水平，没法挑出毛病来。如果按这个文章的结论去做的话，就没必要报主打自然拼读的班，而是老老实实学国际音标就好。同时，他隐隐觉得这篇文章的结论太过绝对，并不放心直接当成正确答案。

他从这篇文章中获取了一个新的关键词，于是再次搜索的关键词升级成"自然拼读 +phonics+Whole Language"。因为他猜测同时包含了这些关键词的文章应该比较全面、更有参考价值。果然，搜索结果的数量少多了，但质量高多了。从新的结果中挑几篇来分析，追问前因后果，让他对英美儿童学单词的做法及其原因、中国父母和英语教育界的反思有了更深入的认识。

信息技能第三招：整理信息，适用边界

药品说明书还有一部分：用法用量（一般因年龄而异，因症状酌情增减），注意事项（特定的服用时间、避免跟某些药同服等），副作用（可能出现的问题、如何应对），失效期（超过什么条件这个药就不起作用了）……这些属于适用边界。

有时候，江湖郎中也会把前因后果编得头头是道，但只有受过科学训练的人才会刻意强调适用边界。

像侦探一样整理信息的具体做法：

- 学会质疑。一般人会在得到一个结论后心满意足，而侦探会保有质疑和审视。看一篇文章后哪怕完全认同，也要继续提问，"什么情况下才能达到这样的效果，什么情况下就不行了？"（前提条件）"我家得具备什么才能这样做呢？"（使用条件）"在这事上，我家都试过哪些做法，效果分别如何？"（边界条件）
- 为了更快搞清楚前提条件和使用条件，刻意搜索相反的意见或者反例——试试用"'关键词'＋缺点"或"'关键词'＋误区"来搜索。
- 根据找到的不同意见，整理信息的适用边界：不同情况下分别什么做法最适合，自己家目前最适合怎么做。
- 如果注意到某位作者或者某个公众号，多篇文章都能通得过前因后果适用边界的，就可以适当增加对它的信任。

——什么情况下学自然拼读法能达到较好效果？前提是孩子已经积累了大量"听力词汇"（也就是平时的"听"和"说"）。这对英美孩子是"自然的"，但对非英语母语的孩子就不自然了。

——得具备什么条件才能让孩子学自然拼读法呢？一方面是送辅导班的时间和钱，另一方面是平时要用大量的原音音频、原版绘本和对话练习，给孩子增加听力词汇。

——在这件事上，我们家试过哪些做法，效果如何？曾尝试每天跟孩子用英语对话，可只坚持了十来天。还曾经让孩子听英文故事，感觉他大多数时候左耳进右耳出，根本没听进去。

——用"自然拼读法 + 误区"作为关键词，再次搜索，找到一篇文章，深化了对适用边界的认知：结合孩子现在的情况，最先追求的不应该是"读音"，而应该是"读懂"。所以，与其花时间在练习拼读规律上（无论国际音标法、自然拼读法，还是全语言学习），不如花时间在阅读上。

——行动是继续陪孩子进行分级阅读、亲子阅读，找原版音频视频增加听和说。目前，这些的优先级都比强化读音高。

注意最后的结论和行动，是适用于他和孩子的具体情况，换了不同的家庭，因为前提条件、使用条件、边界条件都不一样，就不一定适用。

修炼信息技能不那么容易，但值得，因为孩子学习的问题总会出现，遇到疑难后像侦探一样调查真相，总比自己闭门造车、摸着石头过河强多了。而且教练自己修炼信息技能，就容易超越教育的最大误区，也就是只在乎"正确答案"。为什么只擅长应试的"做题家"在离开学校后往往碰壁，就是因为只寻求正确答案的学习仅是纸上谈兵，没有分析前因后果来建立知识间的联系，更不能整理适用边界以解决实际中的问题。

Part Four
第四部分

一生受用的成长习惯

○ 当成长变成习惯，学习就成为日常。孩子未来要学的知识、要练的技能还有很多很多，他的人生路，父母只能同行一小段，但养成的习惯会陪伴他终生。

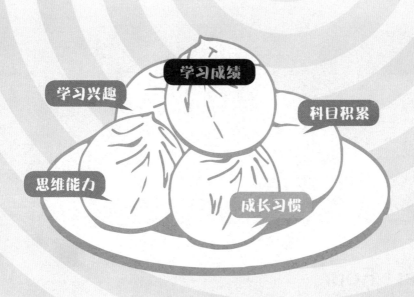

学习成绩

学习兴趣

科目积累

思维能力

成长习惯

Part Four
第四部分

第13章 学习力要素【坚毅进取】

让孩子永不言弃，挑战自己，主动积极

在某个父母论坛上，80 后细数 10 后的特点，提到最多的大概有以下这些：

- 玻璃心，挨批评时易受伤
- 自我中心，很少想到他人
- 缺乏责任心
- 面对困难总想走捷径
- 遇到丁点挫折就想退出
- 总想即时得到满足

......

这不是严谨的调研，结论里怕是情绪多于事实，但歪打正着，正好可以反映出父母们的期待：我们希望孩子能做到"永不言弃""挑战自己""主动积极"。

因为我们深知，这三个特质无论在哪个时代，是顺境还是逆境，无论在人生哪个阶段，是求学中还是职场上，都是取得成就的必要前提。

当孩子的行为达不到我们的期待时，我们难免失望，抱怨这一代孩子怎么是这样。问题是，父母往往把"永不言弃""挑战自己""主动积极"这三种特质当成一种精神、一种态度，但学习力教练更应该把它们当作一

种习惯。

如果是一种精神，那就要模仿，借助树立榜样和耐心劝导。但让孩子模仿班里第一名的做法，孩子很难坚持。坚持的结果一定是坚持不住。

如果是一种态度，那就要纠正，通过反复强调和奖励惩罚。但胡萝卜和大棒并不总是有效，反而让更多孩子学会唱高调，知道但做不到。

只有当成一种习惯，去培养，才能让"永不言弃""挑战自己""主动积极"内化为孩子的性格特质，成为他漫长人生要做的无数个选择的根本依据。

这三条相互关联又相辅相成，合为一种学习力要素【坚毅进取】。

永不言弃——坚毅（GRIT）

有个女孩报了舞蹈班，说是自己想报的。一个多月后，说太累了，腿疼，不想去了。爸爸说她不能吃苦，妈妈说她没常性，因为这种事已经发生好几次了，都是开始时稀罕得不得了，但兴趣维持不了多久。

坚毅（Grit）是近年来积极心理学和教育学的热点研究领域。心理学家安吉拉·李·达克沃斯（Angela Lee Duckworth）在她的《坚毅》一书中描述了，坚毅的人一般会有的表现：

○ 只要设定了目标，就要达到（不会中途改变目标）

- 只要开始一件事，就要完成（哪怕已经失去了兴趣）
- 遇挫或气馁时继续努力（想放弃的时候能凭意志力继续）
- 能长期投入一个项目（小孩子能持续几周，大孩子能持续半年以上）

但不要误会，坚毅的人并不总是咬牙坚持，一副苦行僧的样子。达克沃斯强调，真正的坚毅是为了强烈且持久的热爱，能够长期聚焦在一个目标上，克服重重困难，应对种种挑战，不抛弃不放弃，苦在其中，乐也在其中。

坚毅的反面是"随性"——乘兴而来，兴尽而返，开始时随心所欲，很快就无欲则刚了。关于坚毅的研究，给父母最大的提醒是：很多孩子在各种事情上兴之所至却半途而废，是因为父母只是尊重孩子的兴趣，但没有教会孩子尊重目标，也没有引导孩子持久深入。

"兴趣是最好的老师"这句话是爱因斯坦说的。但他说的是怎样的兴趣呢？爱因斯坦 1900 年大学毕业，未能留校做助教，两年后才谋到一份专利局的工作。无论在待业还是做专利评审员期间，他一直没有停下研究让他着迷的物理问题。到 1905 年，他连续发表五篇论文，以一己之力把人类对世界的理解带入新的境界。

五年时间做一件事，不是工作，也不为名利，直到实现目标，这显然跟一般说的"兴趣"有区别。所以，我们还是称之为"热爱"比较合适。兴趣可能是五分钟热度，热爱一定是全情投入。兴趣可能是花前月下，热爱一定是不离不弃。兴趣可能是百米冲刺，热爱一定是耐力长跑。

回看我们身边，别说孩子了，很多成年人都是有兴趣而无热爱，难怪没有坚毅，只有苦熬。

要从小培养孩子找到热爱的能力，学习力教练需理解技能学习的一般规律：

刚开始接触一项技能，一般是通过观看表演，如一段英文歌曲、舞蹈、跆拳道、速算等，孩子很容易被表演的酷帅飒美所吸引。这时候你问他有

没有兴趣，他说有兴趣。

于是你给孩子报了班，开始学习新技能。一般入门课都不难，于是他觉得自己不久也能表演了。这时候你再问他有没有兴趣，他还说有兴趣。

几周之后，技能训练要强化新的神经连接或训练新的肌肉记忆，练习强度上升，于是压力陡增。会疼、会累、会枯燥、会沮丧，这时候他跟你说，没兴趣了。

关键就在这个阶段，这是技能突破和兴趣深化的关键期。若能坚持过去，才有可能深化为热爱，否则，尝试再多也都是浅尝辄止，不可能找到热爱。

这个关键期短则一两个月，长则四五个月。坚持过这个阶段后，通常有两种结果：一种是孩子逐渐体会到技能提升的成就感，开始享受这门技艺，兴趣深化成了热爱，下个阶段可以定更高的目标，刻意练习。另一种情况是仍然有苦无乐，那就说明命中无缘，可以退出，无怨无悔。

总之，坚毅包括了找到热爱和持久坚持，有一定程度的持久坚持，才有可能找到热爱。有了热爱，就可以更加长久地坚持，而且会期望更进一步，不断挑战自己，达到精进的高度。

挑战自己——刻意练习（Deliberate Practice）

有家长嫌孩子的字丑，让他每天临摹一页字帖。半年多来，为这个嚷了他不少次，大部分时候还算完成了。可是他根本不走心，现在字还是写得歪歪扭扭。

十多年前，我妻子翻译了一本书，名为《一万小时天才理论》，书名来自一项统计数据：任何领域称得起专家的，至少要经过 10000 个小时专心致志的练习。但也不能仅仅看训练时间。比如有人为家人做了十年菜，差不多有一万小时了，可水平连普通厨师都不如。——重复一遍又一遍，想不到改变，看不到进展，得不到指点，那就没有意义。要想每次练习都有进展，"以今日之我胜昨日之我"，必须得有正确的训练方法，进行

"刻意练习"。

《一万小时天才理论》中讲道，瑞典籍心理学家安德斯·艾利克森（Anders Ericsson）的研究为其奠定了相关的基础。艾利克森的著作直到 2016 年才在国内出版，就叫《刻意练习》。

艾利克森这样描述刻意练习的特点：

○ 遵循专家设计的训练方案（最佳方法是找一位优秀的导师或教练）

○ 有目标（设定定义明确的特定目标）

○ 分解目标（将大目标分解为一系列的微小改变，分散练习才更加聚焦）

○ 专注力（完全把注意力集中在训练任务中）

○ 及时反馈（反馈让我们知道不足在哪儿及其原因）

○ 专家反馈（尤其是前期，专家的指点可以事半功倍）

○ 持续努力，不断改进（若不迫使自己走出舒适区，就无法进步）

○ 学会从错误中学习（把不足和错误当作学习资源）

不难发现，这八条在我们的学习力诸要素中已经多有强调。

精深练习的反面是"天真的练习"——反复地做一件事，并指望这样就能提高水平。孩子每天临摹字帖半小时，重复半年，可能只是浪费了很多时间。结合上述刻意练习的特点，临摹字帖计划可以改成这样的安排：

第一，选方案。咨询语文老师或书法老师，在网上搜索对比"小学生如何练字"等，分析和整理信息，梳理出对自己孩子最有效的练字方案。（参考第 12 章【信息技能】要点，梳理的结果也可能是请一位书法老师或者报一个书法班）

第二，确定大目标。一年后可以背临。（参考第 1 章中的"SMART 原则和沟通目标三要点"）

第三，分解目标。每天只练一个字，从摹写到照临到背临。（参考第 3 章的"调整难度与分解目标"）

第四，专注。练字时使用番茄钟。比如要求每天 15 分钟全神贯注的练习。（参考第 9 章中专注力相关内容）

第五，及时反馈。每写一个字，停下来仔细对比原帖，找出区别。（本质是第 6 章的"相似问差"，请孩子找自己写的字和范本之间的细微区别）

第六，专业反馈。每周请书法老师指导，指出需要改进的地方，讲解这些不足的原因。（参考第 2 章的"关注过程的反馈"）

第七，不断改进。每周选出一张写得好的贴在墙上，写上日期。在对比中看到自己的进步。（参考第 3 章的"学习计划促进表"）

第八，参考第 7 章的"教会孩子从错误中学习"，可以自行搜索或咨询老师"小学生刚开始练字，容易出现哪些问题"。如此，你就可以提前跟孩子"预报错误"了："你可能连续练一个月都觉得没有进展，但这很正常。"平时还要跟孩子探讨当天练习中的不足，比如为什么某个笔画就是写不出原帖的味道等。

总之，刻意练习是在关注目标、反馈、进取的基础上，专注、长时间地训练。从而，在练习的过程中获得成就感，越学越自信、越学越投入。

主动积极——成长型思维（Growth Mindset）

在第 2 章的"反馈影响思维模式"一节中，我们提到过成长型思维的反面是固定型思维。相关研究的开创者卡罗尔·德韦克在《终身成长》中给过这样一个对比[①]：

○ 遇到挑战时，固定型思维的人会避免挑战（选择容易的，宁可改变目标），成长型思维的人会迎接挑战（因为不怕万一失败会影响自我认知）。

○ 遇到阻碍时，固定型思维的人会自我保护或轻易放弃，成长型思维的人会盯准目标坚持不懈（尝试各种方法、寻求各种资源来解决）。

---

① 卡罗尔·德韦克.终身成长 [M].楚祎楠，译.南昌：江西人民出版社，2017：308.

○ 对努力的看法，固定型思维的人认为努力也没用（甚至还瞧不起努力的人），成长型思维的人相信熟能生巧（刻意练习一定能带来好结果）！

○ 对批评的看法，固定型思维的人会忽视有用的负面反馈信息（觉得负面反馈是在否定自己），成长型思维的人从批评中学习（从而更乐观、人际关系也更好）。

○ 当他人成功时，固定型思维的人会觉得他人对自己造成了威胁（所以总是陷入竞争中），成长型思维的人则从他人的成功中学到新知、获得灵感（从而能由衷地祝贺他人）。

有一个周末，女儿在家里找到一副瑜伽牌，拽着我们要玩。瑜伽牌有点像扑克，只是正面印的不是花色，而是各种瑜伽动作，玩法大概就是抽到什么牌就要做牌面上的动作。

儿子正在看书，头也不抬地说不玩。

女儿问哥哥："为什么？"哥哥说："我柔韧性不好，才不玩瑜伽牌呢。"

我在旁边，注意到这句话是儿子对自己的一个评价，他给自己贴了一个消极的标签。这是一种固定型思维的体现。

我跟哥哥说："当我们不想玩瑜伽牌的时候，不要说'我柔韧性不好'。"

"那说什么？"

"可以说：'玩瑜伽牌需要柔韧性，而我没有锻炼过柔韧性，也不认为现在有必要锻炼柔韧性，所以我不玩'。"

哥哥听完，琢磨了几秒钟，扭头对妹妹说："那就玩一会儿吧。"

他们玩了大约半小时，妹妹有点累了，正好她又抽到一张动作难度比较大的牌，她就扔下牌说："我不行，我做不到，我不玩了。"

我跟她说，不要轻易放弃，总要尝试一下。她就哭，怎么都不肯做。

这时妈妈过来拥抱着妹妹，说："确实很难啊，我上次也被一个动作难倒了，后来是换了个法子，分解练习才成功的。我陪你一起练这个动作好

不好？"

妹妹仍然不肯。妈妈就把同一个意思又换了一种方式说，不生气也不放弃，温和又坚定。

十多分钟后，妹妹来到书房拽我的衣服。我问，怎么了？

妹妹扬起脸："我做出那个动作了，坚持了十秒钟！"

玩不玩一个游戏，一点儿都不重要；哥哥的柔韧性好不好，一点儿都不重要；妹妹是不是能做出那个动作，一点儿都不重要。重要的是，一次这样的小事，把两个孩子的思维方式往成长型思维推进了一点点，又让妹妹体会到了刻意练习带来的成就感，挑战自己成功之后坚毅的经验。

成长型思维，为坚毅和刻意练习塑造底气，反过来，坚毅带来目标实现、精深练习，以及由此提升技能，进一步强化了成长型思维。

坚毅、刻意练习、成长型思维如此相辅相成、相因相生，在每一件类似的小事中影响着孩子的成长习惯，让孩子愈发主动积极。每个这样的时刻都是关键时刻，若能得到适当的引导，孩子就会更加坚毅进取一点，否则，孩子就会更随性一点、天真练习一点、固定型思维一点。

在无数个这样的关键时刻，除了父母能随时引导，还有谁能做到？所以父母必须学习成为孩子的学习力教练。

七招培养孩子【坚毅进取】的习惯

以下方法用来培养孩子坚毅进取的习惯，但不必当成行动清单逐个执行，最好当成工具库随需取用。

第一招：巧借偶像

孩子喜欢的人物，无论虚拟的还是真实的，都可以在关键时刻用来鼓励孩子，借"偶像"的品格为己所用，让孩子能调用意志驯服情绪。比如孩子做数学题越来越烦躁，哭着说自己怎么都不行，那可以温柔地问他：假装你是巴克队长／消防员……你会怎么做？

使用这一招的小贴士：

- 尽量减少说教，最好等孩子自己说出会怎样做。
- 注意察言观色。有些时候，孩子已经意识到了，但不愿意说，那就不要逼孩子说。
- 注意时机把握。不要在孩子情绪已经崩溃时用这招。
- 反过来，孩子喜爱的角色会塑造他的品格，所以，小心你给孩子看的节目。

第二招：善用父亲

多项独立研究发现，父亲经常与孩子玩耍，能够提升孩子的自我调节能力。

- 杨百翰大学在几年内追踪观察了 325 个家庭，发现有父亲陪伴玩耍和做功课的孩子，更能够坚持完成任务。
- 另一项研究发现，父亲和孩子们玩耍时的特点，尤其体现在"疯玩"的时候——孩子能学会怎样应对沮丧的感觉，学会通过笑声来应对挫败。
- 相当多的父亲与孩子互动少，不是因为不愿意，而是他不知道能玩什么。想让父亲和孩子玩，其实只要妈妈给出明确指令就可以："周六上午你带孩子去小公园玩飞盘啊！"

第三招：延迟满足

20 世纪 60 年代，在斯坦福大学附属幼儿园，人格与社会心理学家沃尔特·米歇尔（Walter Mischel）对 600 位儿童做了一个"棉花糖实验"，后来被公认为 20 世纪最伟大的心理学实验之一。

实验本身很简单：在孩子面前放着一块棉花糖，再告诉他，你想吃可以吃，但如果你能坚持 15 分钟不吃掉这一块，那会额外再给你一块棉花糖。

大约三分之一的孩子坚持了 15 分钟，并得到了奖励。后面几年对这群孩子跟进探究，发现当初能够延迟满足（为了奖励而坚持忍耐更长时间）的那些孩子普遍有更好的表现（更高的自信程度或更优秀的成绩）。

所以，当孩子找你要一套新玩具，你觉得有点贵但不是不能买时，最好的做法是跟孩子说：没问题，把这套玩具当成要用时间和努力来兑换的奖品，为此你可以等待 10 天吗（或者用 50 个番茄来换——参考第 9 章【陪作业】中的"番茄作业法"）？

- 重点不是用做什么来交换，而是训练孩子为了想要的东西能够忍耐较长时间。具体时长要根据孩子的情况来调试，大概标准是会长到让孩子望眼欲穿但不至于崩溃绝望。

- 延迟满足的能力让孩子为长远可以轻当下，为目标可以忍诱惑。手机应用、电视节目、电子游戏等会降低孩子延迟满足的能力，因为它们设计的就是倾力给人们提供即时满足：想要什么，马上就得到。

第四招：积极情绪

积极心理学研究发现，人们不是因为成就而幸福，而是因为幸福才取得成就。一个乐观、自信、与他人保持良好关系的人，成功的可能性要大得多。作为孩子的学习力教练，我们应尽量把这一知识点落实到行动中：孩子不是因为成绩好才快乐，而是因为快乐所以保持好成绩。

可惜相当多的父母做出了与研究结论恰恰相反的行为，给孩子的认知是，只有成绩好了，父母才有笑脸，家里才有欢乐。有的甚至让孩子觉得，父母的冲突争吵都是因为自己。这些父母何其短视。无论为了孩子，还是为了分数，这样都不好。

促进孩子产生积极情绪的有效做法：

- 爸爸妈妈的亲密关系。这是家庭幸福的基石，是孩子安全感的来源。不要让孩子的表现影响夫妻关系，也不要让亲子关系超越夫妻关系。

- 给孩子无条件的爱。很多人在成长中没有遇到过无条件的爱，也就很难给到孩子。"爱是恒久忍耐又有恩慈"，爱也是要学习的。
- 足量的户外运动。中小学生每天户外运动时间最好在 2 小时，不少于 1 小时。这不仅关乎身体健康，也有助于情绪健康。
- 在乎他人，帮助他人。越是总想着自己的人，越不容易快乐。下次在心情不好的时候试试去关心或帮助他人吧，你会得到满足和喜悦。孩子是以自我为中心，还是常常会想到他人，很大程度受父母潜移默化的影响。

第五招：口头禅

我们知道"心里所充满的，口里就说出来"，但反过来也是对的：口里常常说的，会充满我们的心。所以，和孩子一起把这些话变成口头禅吧：

- "失败了怎么办？再来一次呗。"
- "只要方法正确，什么都能学会！"
- "大脑就像肌肉，锻炼就会成长。"
- "我们喜欢挑战！"
- "错误是学习的好机会。"
- "不是'我不会，而是'我现在还不会'。"

第六招：良师益友

教育学中有一条基础原理常常被忽视：自己会，不意味着你能教别人。

一位父亲给我讲他在教孩子四则混合运算作业时怎么崩溃的："那么简单，他就是学不会。"我说："他是第一次学四则混合运算，你是第一次教四则混合运算，你怎么知道学不会是他的原因，而不是你不会教呢？"

还有些事情，人们觉得很简单，仅仅是因为懂得不多。比如不少成年人提起跑步就认为会"伤膝盖"，会"气喘脚痛"，要"咬牙坚持"，而根本想不到这些都跟不懂方法瞎跑有关。同样，哪怕教学龄前孩子认字母、学拼音，也都有科学的训练方案、现成的辅助工具。父母不可能都懂，但起码要有去找的意识。

几乎任何技能的学习，找一位良师益友，都可以少走很多弯路。

- 良师不仅是某一具体方面的专家，更要是教育专家。帮孩子选择良师是父母的责任。判断的方法就是拿"精深练习"的相关要点去请教：您建议给孩子定什么样的目标？我能了解一下训练方案吗？您会结合孩子情况把目标"分解为一系列微小改变"吗？您会对孩子的表现给出针对性反馈吗？若能得到有条有理的回答，则可以放心让孩子跟随良师学习。

- 益友是一同为学习目标而结伴努力的人。有一两个益友相互鼓励、相互督促、相互竞争、相互扶持，能大大降低孩子中途退出的可能性。

- 良师易求，益友难得。父母很少是孩子正好要学的某一技能的专家，所以不容易成为良师，但可以跟孩子结伴努力，互为益友。

第七招：合理配比

一位初中生的妈妈说，方法用过很多，孩子就是不能坚持，就是抵触。我问她孩子具体抵触什么。这位妈妈说，抵触早起，抵触上学，抵触弹钢琴，抵触英语阅读，抵触奥数班……

我感叹，你家孩子真不容易，他一天到晚面对的都是自己不乐意干的事。

无论"永不放弃"还是"挑战自己"，都要意志力。而意志力就像肌肉，适度训练会增肌健体，过度使用则精疲力竭。

所以，刻意练习很重要，但多项新技能并行高强度训练没有几个人受得了，坚毅很重要，但所有事都要咬牙坚持的日子也太惨了。

正确的做法就是像训练肌肉一样，合理安排锻炼项目与强度，劳逸结合，合理配比有兴趣的和不得不做的，有张有弛。

我的孩子有哪些感兴趣的事	我的孩子有哪些不得不做的事

请确保第一列比第二列多，尽量多出一倍。

工具【深尝辄止约定】

有兴趣是一回事，能把一件事持续做下去，并要求自己越做越好，就是另一回事了。孩子要学会做选择，并学会为自己的选择负责任。

"深尝"的意思是让孩子自己选择感兴趣的"难事"，但要承诺坚持一段时间。（一年级 1 个月，二年级 2 个月，以此类推）

"辄止"，承诺期间，绝对不可以放弃；期限到了，自主选择退出还是继续。

深尝辄止约定的要点：

- 分解目标——日程记录和阶段性庆祝能降低"遥遥无期"的感受。
- 过程反馈——让孩子知道，没兴趣的事情该做也得做，不好玩的事情也能从中学到东西，你的不放弃本身就是成长和突破。
- 降低难度——如果孩子保持热情，那么优先要求认真投入、高质量完成。如果孩子已经丧失热情，那么可以只求"练到及格线"到时限。
- 新的目标——在约定期满后，孩子可以选择退出，或者进入下一轮学习。如果进入下一轮，应制订"进取"目标，并制订相应的刻意练习计划。

对孩子来说，要执行一项长达几个月的深尝辄止约定不容易，父母可以刻意表现一下，给孩子赋能。像我妻子有一个习惯特别好，比如她学弹琴，要攻克一首很难的曲子，她会不停念叨"好难啊，好难啊"，然后一遍又一遍练习。她要做半小时的无氧训练，会边铺瑜伽垫边嚷嚷"好累啊，不想动啊"，然后开始锻炼。孩子看在眼里，会知道用意志制服惰性是人生常态，遇到难事继续坚持是理所当然。

父母还可以帮孩子回顾他曾经完成过的难事，尤其是那些他本来想放弃，但最终坚持下来的事，这可以帮助孩子增加信心，最后坚持到承诺的期限。

教练任务

1. 坚毅理念的提出者安吉拉是华裔，中文名叫李惠安，现任教于宾州大学心理学系。她说：培养坚毅，让孩子把人生看作马拉松，而不是短跑。和家人一起看安吉拉的 TED 演讲《坚毅：释放激情与坚持的力量》（ Grit: The Power of Passion and Perseverance ）。

2. 培养孩子坚毅进取的七招里，哪几招你家已经做得不错，哪几招马上可以尝试起来？

_____

_____

_____

3. 跟孩子一起挑战一个"浅尝辄止"的约定。

_____

_____

_____

关于【坚毅进取】的问题

问：我有一个关于"延迟满足"的疑惑，就是如果孩子总是盯着他想要的东西，会很难克制自己，从而做不到延迟满足，怎么办？

答：父母要能区分"目标"和"诱惑"。目标来自意志，诱惑来自欲望。"两周完成暑假作业"是目标，"好吃的棉花糖"是诱惑。目标要放大，要为之付出努力，所以要鼓励孩子盯着目标，把目标视觉化（比如跟进挂图、海报等）；诱惑要挪开，帮孩子转移注意力，否则孩子盯着那个"棉花糖"（想玩的玩具、想要的东西等），会度日如年、急不可耐，难以做到延迟满足。

问：市场上有一些训练孩子抗挫折的课程，对培养孩子坚毅进取的习惯有帮助吗？

答：你是怎么理解"抗挫折"的呢，是沙漠徒步？是丛林探险？是拓展训练？还是苦其心志劳其筋骨饿其体肤？其实，用不着刻意去找罪受，孩子的生活中已经要面对不少挫折和逆境了，只要父母能够借机教导，远比送去培训效果更好。曾国藩教儿子习字，最后说："不特习字，凡事皆有极困难之时，打得通的，便是好汉"；"吾平生长进，全在受挫辱之时。务须咬牙励志，蓄其气而长其智，切不可自馁也"。

第 14 章

学习力要素【终身阅读】

帮孩子爱上阅读，相信学习，
终身成长

阅读是成长，更是习惯

有些父母认为，只要跟考试无关的书都是杂书，看杂书是浪费时间。我猜想这样的父母根本不会翻开这本书来看看到底讲了些什么。想培养孩子自主学习力的父母，应该都知道阅读习惯很重要。即便如此，阅读习惯的价值仍然比我们以为的还要大。

中短期来说，阅读习惯直接影响考试成绩。美国中小学做过很多实证研究，比如让一个班的孩子完全不上语文课，只是自由阅读（free voluntary reading），结果发现他们在词汇、写作、语法、阅读测验的成绩上反而更好。而且，实验持续的时间越长，分数优势就越明显。这些研究给美国教育带来的改变是，很多小学都设置了专门的阅读课，而且阅读老师的待遇比其他老师都高。[①]

长远一点来说，孩子很快会成长到我们指导不了的时候，但养成了阅读习惯，一生都不会缺少"良师益友"。

总之，阅读习惯的价值怎么强调都不为过，同时，在培养孩子阅读习惯这件事上，父母可做的事不少，而做到任何一点，都会影响深远，可谓

---

① 按：这项研究不能导出这样的结论："不让孩子上语文课了，自己读杂书更好。"一来国情有别，二来即便做这项实验的美国也没有取消英文课，而是增加了阅读课。

投入产出比超高。所以我们把"终身阅读"单列出来，作为一项成长必备
的习惯来培养。

在说怎么培养孩子的阅读习惯之前，我们先对自己进行一个评估：

☐ 我家里藏书超过三百本（不算给孩子的书）

☐ 我平均每周读书的时间超过 5 小时

☐ 仅看封面封底，我基本能评估一本书是不是值得看

如果上述三条你都符合，那么恭喜，这一章你不用看了，你如此嗜好
读书，你家娃大概率会是爱书之人。但如果你自己的阅读习惯都不好，就
可以依照下文初阶、进阶、高阶的顺序来帮助孩子培养终身阅读的习惯。
这些促进孩子阅读的不同阶梯是从父母行动的难易程度来分的，每个阶梯
都提供了"三要二不要"的指导原则。不妨先快速浏览一下所有做法，找
出自己和育儿合伙人相对比较轻松能做到的，小步起跑，逐步开展。

父母要有心理准备：这是习惯，不是技能，所以可能需要较长的时间
才能见到效果。不同的孩子差别也很大，父母尽力做到能做的，然后慢慢
等待孩子爱上阅读、自主阅读就好。

促进孩子阅读的初阶

初阶一要：了解孩子的成长阶段，了解图书类型。

学前阶段读绘本，从无字书到有字书，从无故事的到有故事的。这一

阶段的父母要懂一点孩子的心理，比如给孩子买了几十本书，但他就喜欢其中一本，百听不厌。这并不是问题，不用纠正，更不要逼他把每本书都看一遍。再比如，这个阶段孩子的书架应该是展示式的，也就是能亮出封面来的，从视觉上吸引孩子去翻看。

小学阶段，可以多读虚构、幻想类作品和优秀的科普类作品。

中学阶段，偏重更注重思维培养的人文社科、历史、科幻类作品。

初阶二要：家里书多。

平日接触书的机会越多，孩子就越爱读书。图书馆虽然书多，但日常无法接触，那就不算，得自己家里书多才有效果。

教育专家说，父母爱读书，孩子会潜移默化爱上读书。这当然是对的。其实，只要父母爱买书爱囤书，已经足够影响孩子了。

> 我父亲把所有他读的书买回家，从来不会处理掉任何一本。书房里有书，客厅里有书，衣帽间里有书，落地大书橱里有书（一隔里前后放两排），卧室里有书，安置水箱的阁楼里有堆得和我比肩的书，反映我父母每个短暂兴趣阶段的各种类型的书，可读的和不可读的书，适合孩子的和最最不适合孩子的书。没有什么是我不能看的。在那些仿佛永无止境的阴雨绵绵的午后，我从架子上拿下了一本接一本的书。我总是很肯定自己一定会找到一本没有读过的书，就像一个走进田野的人确定自己会找到一根没见过的小草。[①]

这是大学者、文学家 C.S. 路易斯在他的回忆录里，鲜活描绘出的一个到处是书的家带给孩子的感受。这说明并不一定要父母读书多，只要家里书多，就能在很大程度上影响孩子的阅读习惯。

---

① C.S. 路易斯. 惊悦 [M]. 丁俊，译. 上海：上海文艺出版社，2016：10.

我们可能没有办法把家里置办出书山书海，但起码在孩子经常活动的区域，要有架子放他可能会读的书。

这对学习力教练的要求不高，毕竟只要求家里藏书数量多、类型杂就好，并不强求父母都读过。我们也不要抱怨书价贵，只要跟旅游、报班、玩具等比一下投入产出，买书绝对是最划算的消费。

初阶三要：给孩子念书。

幼儿园阶段，适合阅读的篇幅是一次性读完的。上小学之后可以尝试读长篇，每天读个 20～40 分钟。

孩子小的时候，给他念个绘本也就几分钟，父母也容易乐在其中。孩子大了，一个长篇故事念下来父母常常口干舌燥，难免会有不耐烦。我们还是尽量调整心态，收起不耐烦，享受这个宝贵的亲子时间。等过了八九岁，孩子可能就不稀罕听父母念书了，喜欢书的自己去看了，不喜欢书的自己去玩了。

在我家哥哥 8 岁、妹妹 6 岁的时候，我给他们念完了 7 本《纳尼亚传奇》，历时四个月，平均每天 40 分钟。晚上读，白天讨论（不是多么严肃的主题讨论，更像是谈资）。不知这段经历在孩子今后的记忆中如何，对我自己来说，这是生命中最美好的一百个小时。

现在有很多给孩子念书的音频资源，有些质量很不错，偶尔用一下也方便，但不能替代父母的声音。

初阶一不要：当着孩子面刷手机。

如果不想让孩子沉迷电子用品，那就把"刷手机"（指无特定目的地一条接一条地刷短视频、新闻、商品、朋友圈、微博等行为）当成"见不得人"的事，尽量不当着孩子的面干。

初阶二不要：做任何摧毁孩子阅读兴趣的事情。

比如有的父母会忍不住跟别人家的孩子比，但对比只会让孩子觉得阅读是任务或压力。还有，我们看到一些关于阅读方法的文章，如果觉得某篇文章的法子不错，可以拿来跟孩子商量。如果孩子不接受，就算了。如果试过发现自己做得太累，也就算了。在阅读这件事上，父母"佛系"一点，孩子的自主性就多一点。

有位妈妈跟我吐苦水，说孩子爱看书，但就是不肯在看书后写读书笔记。我赶紧说，你劝过了，他试过了，他不愿意写，就不要再劝了。孩子没有因为你的执念伤害到读书的兴趣，已经谢天谢地了。

促进孩子阅读的进阶

进阶一要：会选好书。

很多父母对孩子入口的食品小心谨慎，对入脑的读物却马马虎虎。

我们要避免在自媒体上听风就是雨，很多自媒体文章推荐书其实只是在"带货"。（当然也不是所有自媒体荐书都不靠谱——再次提醒信息技能的重要性！）

避免在购物网站拼团买便宜书。便宜的套装书要么是盗版，要么版本很差。有些所谓世界名著套装，其实译者水平可疑，内容还是节选。书的文字内容不入流，会伤害孩子的判别力，书的装帧排版不讲究，会影响孩子的审美。

父母选自己看的书，参考作者口碑、豆瓣评价、出版社品牌就差不太多。但选给孩子看的书，更复杂一点，不仅要挑内容、文笔、版本，还要看插画、字体、装帧，还有更重要的，看是否适合孩子的年龄和认知水平。

所以，先参考书单吧。靠谱的书单不仅能让人省心放心，更可以避免给孩子买的书受限于我们自己的眼界。

推荐两个中文分级阅读书单：亲近母语的书单，叶开老师的个人推荐书单。

另外，可以参考微笑图书室、担当者行动、心和公益基金会等专业阅读机构推荐的书单，这些都可以在网上搜到。

有些书单只推荐书名，那还要注意译本，不同译者的水平相差很大。

教育部也有推荐书单，但推荐者对小读者的兴趣考虑欠佳。虽然如此，趁电商打折时买来充书架也挺好，万一有孩子想看的呢。

还可以给孩子订两三种杂志。每个月定期期待收到新杂志，对孩子是一种特别的兴趣。这里挂一漏万提几个口碑不错的：《万物》《东方娃娃》《博物》《少年》《儿童文学》《少年文艺》《故事作文》……这些杂志大部分都有自己的微信公众号，也可以在购物网站搜到。每种杂志都有不同年龄的目标读者定位，订阅之前要查清楚。

进阶二要：自己看书。

家长读书的孩子的阅读兴趣要远远高于家长不读书的孩子，也更愿意没事时主动找书看。

不强求父母自己多么热爱阅读，但做到当着孩子面看书应该不太难。看什么书都行，从有点兴趣的看起。在国外，你会发现地铁上、飞机上、沙滩上都有很多人在看书，其实绝大部分是在读通俗小说，很轻松的。

你家客厅的布置，是不是以电视为中心？尝试改变一下吧。给自己买一把舒服的椅子或单人沙发——看书的沙发最好两侧有扶手，靠背足够高，可以托住头——茶几上扔几本最近在读的书。

下次想催孩子读书时，自己先拿起书来读。你做什么孩子都会看在眼里，渐渐就会凑过来翻书看。

进阶三要：用氛围鼓励孩子阅读。

在第2章【反馈】中，我们说过尽量不要用物质奖励来鼓励孩子读书。

其实，阅读本身就是最好的奖励，心流之父契克森·米哈赖说："阅读是最常被提及的心流活动"，"一次高度专注的阅读，就足以塑造一个爱书之人"。

在家里打造一块阅读区，请孩子选择座椅软硬、灯光亮度、读书姿势。

可以不定期进行阅读宾果游戏，参见本章"工具"。

鼓励整本书阅读。如果孩子不排斥，不妨早点读长篇。读完一本上百页的书，孩子会有无与伦比的成就感和自信心。比如叶开老师就推荐三年级孩子可以读百万字的《哈利·波特》。

进阶一不要：排斥通俗读物。

漫画、杂志、武侠小说、言情小说等，有些父母觉得这些书不值得读。这事应该这么看：轻松读物就像食品中的快餐，营养不全面但方便好吃，吃吃无妨，但不能每天只吃快餐。通俗读物可以作为通向更深阅读的通道。

还有父母担心孩子读到"坏书"。这可以理解，但客观上无法避免。（这里我们不必深入怎么判定一本书是好是坏。）实际上，只要孩子读了足够多的好书，偶尔读本坏书并不会颠覆他的三观。

进阶二不要：强求孩子读完。

无论对大人还是孩子，买了书不读，不要视为浪费。书不像食品有保质期，现在没兴趣说不定三五年后就有了。何况，有的书适合当工具书随用随查，有的书花几分钟翻翻就够了。更多书就像参加选秀节目的选手，"被召的人多，选上的人少"，总要有足量的备选，才能出现一本让小主人一见钟情的书，一本他的"热爱之书"。

促进孩子阅读的高阶

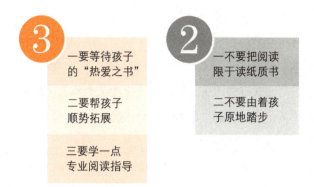

高阶一要：等待孩子找到他的"热爱之书"。

从第 13 章中关于"坚毅"的讨论可知，当一个人有了足够的投入之后会找到热爱。所以，每个阅读量足够的孩子，迟早会遇上自己的"热爱之书"。他会反复阅读那本书，他会忍不住跟人讲那本书，而且，讲的时候眼睛会放光。

孩子一生的喜好和见识，目标追求和思维模式，以至做选择和判断的标准，都可能受到热爱之书的影响。

每个人不只拥有一本热爱之书，对任何一本书的热情都有可能会持续几个月、几年甚至终生。在孩子还没有找到这本书之前，鼓励他广泛涉猎就好，不要揠苗助长。

高阶二要：帮孩子顺势拓展。

一旦孩子有了"热爱之书"，父母就可以帮他顺势拓展、顺藤摸瓜——同作者、同时代、同类型的书。鼓励孩子成为这本书、这位作者、这个主题的小专家。

孩子说喜欢恐龙，那就紧密关注跟恐龙有关的书，有浅有深，绘本、漫画、小说、科普、百科，前后买上几十本，让孩子能在阅读中不断深入，在阅读后能跟人去嘚吧嘚。孩子喜欢哈利·波特，就鼓励他更多了解魔法世界，直到他能对 7 本书中魔法咒语如数家珍，说到书中细节手舞足蹈，火候到了，他会主动去读英文原著，再拓展到罗琳（J. K. Rowling）推崇的《魔戒》《精灵宝钻》等一系列的著作。

我自己就是在初三的时候，因为鲁迅，陆续看了周作人、徐志摩、梁实秋、林语堂、郁达夫。到了高中，因为王蒙，看张贤亮、刘心武、冯骥才，惊喜地遇见汪曾祺和沈从文。因为《王小波全集》，知道了罗素、卡尔维诺、伍迪·艾伦、昆德拉、杜拉斯、王道乾、费孝通。大学后，陆陆续续读金庸书中涉及的《唐代传奇》《世说新语》《庄子》。十年前从一本书爱上 C.S. 路易斯，很快搜罗全了他所有的书，包括他的自传、传记，看了关于他的电影，甚至是喜欢他的人的作品。几年前，偶然看到劳伦斯·布洛克的硬汉派推理小说，一发不可收拾，陆续买了他在国内出版的四大系列近 40 本（最喜欢的还是斯卡德系列），买了他的自传，进而去找雷蒙德·钱德勒和达希尔·哈米特。

请原谅，上一段意在举例说明"顺势拓展"，但写得过于个人化，也并非要推荐给大家，因为私人偏爱的不见得别人喜欢，每个人阅读地图的展开模式也没法复制。只是说起自己的热爱之书，就絮絮叨叨难以打住。

我认识的绝大多数爱书之人都是这样。

你的孩子也会这样的。

高阶三要：学一点专业阅读指导。

美国中小学的阅读课，在长期专业化教育实践中取得了很多优秀成果，产生了很多优秀的阅读指导书。但问题在于这些指导太多太细，父母毕竟不是专职的阅读老师，拿到相关的书，看到几十上百种教阅读的方法和工具，更多的会觉得无所适从。

不要焦虑，因为 20% 的动作可以带来 80% 的效果，做到本章讲的初阶和进阶的"三要""二不要"，已经足够好了，专业的阅读方法只是锦上添花。有余力的父母可以根据实际情况自行选择几本专业阅读指导书来进一步提升。[①]

高阶一不要：把阅读限于读纸质书。

电子书一样是书，还有些孩子可能喜欢听有声书。优秀的纪录片、电影，也是极好的"阅读资料"。只是要注意，孩子在读纸质书时主动性更强，因为可以随意调速、时而快翻、时而缓思，随时能停下来、翻回去。但听音频和看视频一般不会这样，孩子有可能只是在被动接收。如果发现孩子还做不到听有声书或看视频时主动思考，那还是减少他的音视频时间，引导他更多去读纸质书为好。

高阶二不要：由着孩子原地踏步。

跟培养任何习惯一样，孩子的阅读在进行一段时间后，也会进入舒适圈。在舒适圈的好处是可以轻松地大量阅读。由他在当下的阅读舒适圈徜徉一段时间吧。然后，就需要依照第 13 章 "刻意练习" 和 "成长型思维"的原则，提出更高要求了。英文阅读好办，分级读物升到更高级就好。中文阅读就要父母做一点事情：图书升级，思维升级。

图书升级是指找同主题的更专业、更厚重的书。比如历史类的书，孩子现在可以很顺畅地读趣味历史、漫画历史，那就可以尝试升级到专家写的简史，再升级到大部头套装历史著作，看看他的牙口是不是可以啃得动了。

思维升级是第 8 章的布鲁姆教育目标在阅读技能上的体现：

---

① 推荐阅读：

珍妮弗·塞拉瓦洛.美国学生阅读技能训练 [M].刘静，高静娴，译.北京：北京科学技术出版社，2018.

南希·纽曼.阅读力：简明五步点燃孩子阅读激情 [M].孙玲莉，译.北京：中信出版社，2018.

阿德丽安·吉尔.阅读力：文学作品的阅读策略 [M].岳坤，译.北京：接力出版社，2017.

吉姆·崔利斯.朗读手册 [M].陈冰，译.北京：新星出版社，2016.

布鲁姆教育目标升级阅读技能

- 从前只是读完，能记住大概内容，能给人讲出来。这是"记忆"。

- 问问孩子对书中人物前后的变化成长、不同书主人公的性格差异、不同人物做选择的标准有什么不同。这是升级到了"理解"。

- 跟孩子讨论书中人物做事情的动机，对我们为人处世有什么借鉴启发。这就到了"应用"。

- 在叙事手法上，某两本书有哪些不同？又有哪些本质上的相同？这是"分析"。

- 这本书属于非虚构书籍中的知识类图书，对这类图书，你觉得应该从哪几个标准进行评价？具体到这本书，在这几条上分别怎样？这是"评估"。

- 这本书在哪一点上引发你的好奇和思考，可以提出一个值得深入研究的问题吗？就这个问题进行主题阅读，写一篇小论文，或者拿这本书中你喜欢的角色编一个同人故事。这是"创造"。

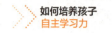 工具【阅读宾果游戏】

阅读宾果游戏（Reading Bingo）简单好用，可以培养小孩子的阅读兴趣，扩展大孩子的阅读范围。基本思路是用一张表格为阅读提供目标，引入游戏化的机制来提供反馈，而订制化的任务可以调整适合的难度。

首先要设计一个目标任务挂图，画上5排5列，一共准备25个阅读任务。任务要兼具趣味性、多样性、可实现性，下面两个示范模板都有体现。

这是一个给低年级孩子的暑假阅读宾果模板:

摘自 Highlights

这是一个适合中学生的阅读宾果模板：

在网上搜索"Reading Bingo"可以找到更多模板，大都是英文的，而且不一定能直接适用。模板是供你打开思路的，不必照搬。可以拿几个模板做参考，跟孩子讨论，共同挑选和加工出 24 个任务（表格最中间那项是固定任务"读完任意一本书"），就可以绘制表格了。

阅读宾果游戏的规则：

1. 读完一本书，就在相应的空格中写下书名、读完的时间。

2. 每个任务空格中写下的书名不能重复。

3. 每完成一条线（横、纵、斜）的 5 个任务，即可得到一枚勋章，完成全部任务得到 12 枚勋章。

4. 事先定好奖励机制：1 枚勋章可以换什么，5 枚勋章可以换什么，12 枚勋章可以换什么。

5. 设定游戏截止日期。游戏期限一般为 1 ～ 3 个月。对中学生来说，如果任务中有比较厚的大部头的话，期限可以延长到半年。

教练任务

1. 客观评估当前能做到哪个阶段，选出能做的"要"和"不要"，跟育儿合伙人讨论行动。

_____

_____

2. 参考分级阅读推荐书单，结合实际情况确定一份购书清单。

_____

_____

3. 孩子最近在读的书是什么？对比布鲁姆教育目标升级阅读技能的表格，其中哪些问题适合这本书？

_____

_____

关于【终身阅读】的问题

问：我看书单中有很多国外作品，那让孩子直接读英文原著，是不是可以一举两得啊？

答：孩子若乐在其中，自然是一举两得；孩子若看不下去，那请参看"初阶二不要"。

问： 孩子阅读挑食怎么办？

答： 孩子吃饭挑食怎么办？取决于挑食的程度。如果不至于营养不良，只是特定几种食物不爱吃，那没必要强求，买他喜欢吃的就好。如果挑食严重到只吃几种食物，其他一概不吃，那父母最好加一些引导。

虽然出发点是让孩子阅读不挑食，但引导的目标不是增加孩子的阅读口味，而是拓展孩子的兴趣。中秋节跟孩子聊聊阿波罗 11 号登月，台风天跟孩子说气候成因和蝴蝶效应，也许孩子就喜欢看科学类书了。吃饭时跟孩子聊聊空城计、旅游前和孩子一起做攻略，也许孩子就喜欢看历史类书了。自己翻一本艺术史，看到兴起给孩子念叨："原来油画是要这样看啊，我从前都不知道，比如这个……"，这也许是让孩子对艺术书籍感兴趣的最好方式。

第15章 | 学习力要素【学习共同体】
和孩子共同成长，相互陪伴，相互赋能

猜猜下面哪些情况对孩子的成绩有明显影响（无论积极还是消极），哪些几乎无影响？

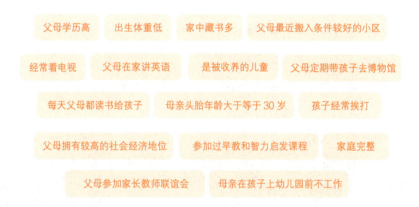

史蒂芬·列维特（Steven David Levitt）是芝加哥大学的经济学教授，曾获得 2003 年约翰·贝茨·克拉克奖，上面这个题目，就引自他广受好评的《魔鬼经济学》一书。书中，身为经济学家的他，却用了一整章来讲教育。列维特引用了 20 世纪 90 年代末美国教育部开展的一个名为"童年早期纵向研究"的研究课题。研究测算了 2 万多名美国儿童从幼儿园到小学五年级的表现。长期跟踪发现，上述 16 项因素中，真正与孩子成绩有关的，只有 8 项：

与孩子成绩有相关性的因素

+ 父母学历高

+ 父母拥有较高的社会经济地位

+ 母亲头胎年龄大于等于 30 岁

- 出生体重低

+ 父母在家讲英语

- 是被收养的儿童

+ 父母参加家长教师联谊会

+ 家中藏书多

与孩子成绩无相关性的因素

〇 家庭完整

〇 父母最近搬入条件较好的小区

〇 母亲在孩子上幼儿园前不工作

〇 参加过早教和智力启发课程

〇 父母定期带孩子去博物馆

〇 孩子经常挨打

〇 经常看电视

〇 每天父母都读书给孩子

这个结果有一些与常识不同的地方。列维特在书中解释说，读者需要知道跟踪研究只能说明相关性，而不是因果性。比如，"母亲头胎年龄大于等于 30 岁"，意味着这样的母亲要么受教育时间较长，要么对事业有更高追求，起码也是人生阅历比较丰富后才生儿育女，就是这样的特质，导致她头胎生育较晚，也导致她孩子的成绩较好。而"出生体重低"呢，从统计意义上，是说明父母要么在孕期不上心，要么是没有能力照顾孕妇，要么是没有意识寻求孕期知识，这样的父母特质也会导致孩子成绩差。

上述因素中，肯定有一些会有国别差异，所以没必要太看重具体条目，关键是列维特的结论：对孩子成绩有影响的因素，基本属于父母的特质，而无影响的因素，主要体现的是父母的做法。如果父母是高学历、高地位、高能力、善于学习、善于沟通、有时间和精力陪孩子、爱读书，那么，不用特别做什么，孩子就会有傲人成绩。

也就是说：**对孩子成绩影响最大的，是父母是什么样的人，而不是为孩子做了什么。**

要培养孩子的自主学习力，最好父母自己是喜欢学习、善于思考、勤于成长的人。

类似的研究非常多。早在 1966 年，芝加哥大学的经济学家詹姆斯·科尔曼（James Coleman）就和同事发表了一项题为《教育机会均等》的报告（*Equality of Educational Opportunity*），也就是著名的《科尔曼报告》。在这份奠基性的研究中他们发现，决定学习成绩的关键在于家庭，而不是学校的教学资源。

2000 年诺贝尔经济学奖获得者、芝加哥大学的经济学家詹姆斯·赫克曼（James J. Heckman）等认为，对于孩子的认知能力及性格养成来说，父母的教育和父母的收入同等重要，而且其重要性尤其体现在学前阶段。

既然"父母是什么样的人"对孩子成绩影响至关重要，那么问题来了——"我不够好怎么办？"

我学历普通，孩子就没希望上重点大学了吗？我不够专注、不够坚毅、不够好学……孩子就只能这样了吗？

学习共同体三要素

我们承认，世界上也许有完美的父母，而我们不是。完美的父母不需要刻意培养他们孩子的自主学习力——只要潜移默化就够了，而我们需要学习怎样培养孩子，也要学习怎样培养自己。

我们也可以做到。

有人说，人的一生分三个阶段：知道父母是普通人，知道自己是普通人，知道孩子是普通人。你现在很可能正在经历第三个阶段，而你的孩子再过几年会经历第一个阶段——原来父母说的道理他们自己不真心相信，父母提的要求他们自己做不到。怎么跳出这个循环呢？孟子给出了解决方案："'夫子教我以正，夫子未出于正也。'则是父子相夷也。……父子之间不责善。责善则离，离则不祥莫大焉。"就是说父子之间不要求全责备，相互求全责备，会使父子关系疏远，父子疏远，那就没有比这更不幸的了。

父母知道孩子是普通人，才能早日放下不合理的期待，为孩子量身定制教育目标。孩子迟早会知道父母是普通人，那就不如早点承认，在孩子面前承认自己也需要成长。这个承认本身，就会影响我们跟孩子的交流，从而影响孩子对学习的认知。

让孩子知道你也要成长。我们不是完美的人，我们有很多不懂的，我们在很多方面做得不好。但是，我们相信学习、相信成长。

让孩子看到你在努力成长。把锻炼新技能、培养新习惯的过程给孩子看，把想要放弃但继续坚持的挣扎给孩子看。

让孩子帮助你成长。我帮助你，你帮助我，这就是学习共同体。这也是我们能够给孩子、给自己、给育儿合伙人的最佳学习方式。

> 学习科学大量研究表明，成人的最佳学习方式并非独自练习，而是在情境中学习。有效学习是进入相关情境，找到自己的"学习共同体"。[1]

学习共同体的特征是共同成长、相互陪伴、相互赋能。每位孩子的学习力教练，都在促成三个学习共同体。

---

[1] 安德斯·艾利克森，罗伯特·普尔.刻意练习 [M].王正林，译.北京：机械工业出版社，2016：序言XX.

学习之家：你家的学习共同体

和孩子共同成长

成长型思维让我们不怕承认缺点和不足，从而可以坦然在孩子面前做真实的自己。我们的底气来自相信无论何事都可以通过学习而成长，经由努力而改变。

所有学习力的要素，都可以用到自己身上。

2016 年，我的体检报告再次亮起红灯，多年体重指数超标、中度脂肪肝等，我给自己规划了一个"学习计划促进表"，长期目标定在了 3 年后。3 年间，两个孩子看着我践行计划，每周跑步三四次，直到在 2020 年 5 月陪伴我完成第一个全程马拉松。

学习力要素	要点	内容
明确的目标	SMART 我选择 我能行 我有用	长期目标: 3 年后每年一场全程马拉松。给孩子打个样。 短期目标: 3 个月的跑步规划完成 90%，且无伤痛。每周跑 3 次。开始时每次跑 2km。每周增量 10%。
及时的反馈	鼓励的行为一: 学习时长	每天提前把跑步需要的物品和时间都规划好。
	鼓励的行为二: 基本动作扎实	跑得慢一些，而不追求快。
	奖励（小心动机转换）	完成三周计划，买一双新跑鞋。 完成 3 个月计划，买一块专业跑步手表。
适当的难度		跑得舒服，以能轻松说话为好。（维持在 E 心率） 不要擅自加量，哪怕觉得有余力。 不要同步节食，保证热量摄入。 如果出现厌倦情绪，则适当减量。

这些年来，我对孩子越来越由衷地感激，若不是他们，我不会在那么

多事上有再次成长的机会。

和孩子相互陪伴

在不幸的家庭中，对学习成绩的追求会伤害亲子关系和夫妻关系。而在学习共同体中，更好的关系和更好的学习是同一个循环的自然结果。

一位爸爸跟我诉说他的苦恼，儿子已经厌烦练琴了，可他希望儿子无论如何把十级考下来，觉得练了三年，总得考一下，最终无论过还是不过，都算给了自己一个交代。但儿子抗拒，怎么说都不愿意。

我问他，你真认为儿子考过和没考过，没有任何差别吗？他说是，又没打算把孩子培养成职业钢琴家，这个十级证书其实没有意义。

我又问他，那你真正在乎的目标是什么呢？他想了想，说真正在乎的是孩子能热爱音乐。

为什么这么在乎孩子热爱音乐？因为这位爸爸自己在少年时就喜欢音乐，中学报名参加学校的合唱队，因为种种原因没有如愿。

我们聊过后，那位爸爸报了成人声乐一对一学习班。学了一个月的时候，他问孩子能不能用钢琴给他伴奏。孩子有之前的基础，学即兴伴奏非常轻松，就答应了。等我再去他家做客的时候，看他们父唱子弹，其乐融融，惹人羡慕。

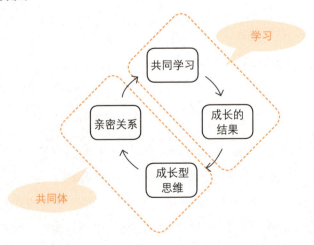

学习共同体能带来这样的美好循环：共同学习，会带来提升和改变，强化成长型思维，从而相信所有人际冲突都可以解决，并把问题当成改进关系的机会，亲密关系更上层楼，而亲密关系又会增加共同学习的意愿……

和孩子相互赋能

在学习共同体中，我们给孩子赋予各种能力，孩子也在持续给我们赋能。想想看，相比有孩子之前，我们现在解决问题的能力、与人合作的能力、沟通表达的能力……以至于烤蛋糕、讲故事、搞活动的能力是不是都提高了？这要归功于孩子呀。

还有特别重要的一点，我们培养孩子自主学习力的过程还赋予我们自己一种极有价值的能力——元认知的能力。

一位妈妈在"超能父母"社群中分享了她是怎么走出对丈夫多年以来的怨恨的。一次在帮孩子使用记忆卡片的时候，她不耐烦了，指责女儿怎么那么多遍还背不过，"换我早背过了"。女儿当时就怼了回来："你就是只看我的缺点！我记性不好，但我数学和画画都很好！"

她说，换作从前，她会被女儿的态度气死。但这次，她反思自己，发现女儿说得对，她就是容易盯着别人的缺点，而对优点觉得理所应当。对孩子是这样，对丈夫更是这样。那天，她给自己定了一个目标：要让丈夫感受到认可和尊重，具体来说，每天给丈夫至少 3 个积极反馈。

不到一个月，夫妻感情明显回暖。丈夫偷偷问她，到底发生了什么？她说："既然我改变不了你的缺点，那就改变我自己看事情的态度呗。"

在跟我们分享这段经历时，她再次反思，说她改变的真正原因是学会了观察自己的思维。因为做孩子的学习力教练，提醒她不断改变关注点：最重要的不是关注结果（孩子考了多少分），而是关注学习过程（孩子是怎么学习、怎么想问题的）。这让她慢慢养成了一个新的习惯：经常审视自己是怎么想问题的。所以，她才能意识到问题的症结不在丈夫的缺点，而在

于自己的思维方式。

思考自己的思维，认识自己的认知，这叫作"元认知"。具备元认知能力的人，可以更好地省察自己，更快地把经验变成经验值，更快地洞察问题的本质和有效的策略。在学习共同体的家庭里，父母帮助孩子提升学习力，同时得到了元认知的能力，这就是相互赋能了。

同侪影响：孩子的学习伙伴

有几位优秀的初中生给学弟学妹们分享经验，他们不约而同地提到了朋友的影响：

- 我上初一的时候，有一段时间，因为同桌沉迷小说、漫画，我也跟着天天看，成绩出现大滑坡，好在及时放下手机，立地学习，慢慢好转。
- 大家可能觉得日复一日地学习很枯燥，我解决枯燥的方法就是拉上好朋友一起竞争，比谁学得久，比谁考得好，比谁复习得多。还会不定期给对方打电话，故意出一个刁钻的难题考考对方。
- 初中的混子更多，小心被拖下水，在学校里面你就做两件事，学习和上厕所。其他事情不要插手、不要管，某些初中小混混喜欢惹是生非，要离他们远点。
- 如果你的朋友都玩手机、电脑，你一定会眼馋！如果你的朋友空闲时间看书，你就会看书！如果你的朋友爱打球，你也会一起去打球！

有父母说自己影响不了孩子，因为他发现孩子交的朋友不靠谱，想去拆散人家，却发现无论苦口婆心还是威逼利诱，都只能把孩子推远。

从小学到中学，父母对孩子的影响力不断减小，同伴的影响力不断增大。孩子和他最常在一起的几位朋友，构成一个学习共同体，还是一个"混混小圈子"，带来的差别太大了。在孩子能不能与同伴构建学习共同体这件事上，除了像孟母一样搬家，父母还能做些什么呢？

我们能做的是在平时就注意相互陪伴、共同成长、相互赋能。

相互陪伴： 如果父母平时没有给予足够的陪伴，那么，孩子交友时首先就是要满足相互陪伴的需求，他会为了迎合朋友放弃自己的喜好甚至原则。反之，不缺陪伴的孩子，和朋友在一起时就更自主，敢于说不，能够给朋友带来正面影响。从这个角度说，孩子的交友不可能不受父母的影响，只不过这影响是有意还是无意为之的区别。

顺便说一句，专家发现，和父母关系好的孩子，不容易早恋。就像某位被问到的女孩说的："我不是排斥谈恋爱，但是高中小男孩都太幼稚了。"这当然是跟自己爸爸比较后得出的结论。

共同成长： 让孩子看到你和朋友交往都做些什么。我家常常往来的几个朋友家庭，有的每周一起拆书交流，有的会约在一起锻炼跑步，还有的一起聊天聚餐。当然，也有的一起看电影、玩游戏。孩子看在眼里，觉得朋友就是一起做这些。

说到游戏，有好多孩子就是因为在家被禁止碰游戏，所以偷着跟朋友玩到天昏地暗。其实，堵不如疏，适度游戏并无坏处。父母可以挑一些桌游（board games），一起游戏带来的面对面的欢乐体验能极大增进关系。至于电子游戏，孩子一定要玩的话，与其玩手机游戏，不如玩主机游戏（Switch、PlayStation、Xbox）。主机游戏设计更精良，没有充值设计，相对不容易沉迷。我去孩子的校长家，看到他家的任天堂Switch游戏机配了6个手柄，每周末会安排固定的家庭游戏时间。

相互赋能： 孩子对朋友的选择和判断，与他接触和认识的人数量有关，也和他本身的心智成熟度有关。所以，父母可以适当扩大孩子的交际圈子（比如鼓励孩子认识兴趣相投、年龄相仿的人，或者连接你信任的家庭、认可的孩子），也适当提醒孩子思考在友谊中什么是好、什么是坏，什么叫友直友谅友多闻……这都是在赋予孩子人际交往的能力。

有一个很好的方法，就是引导孩子发现朋友身上的优点。比如，问孩子为什么想跟某位朋友一起玩，他身上有哪些吸引你的地方，你觉得他最好的一点是什么……只提问就好，不要再加评价。这样的提问有双重作用：首先，任何人都有优点和缺点，让孩子多关注他人的优点，会越发心怀宽厚、与人为善。其次，他会越来越明确益友的标准。

孩子到了某个年龄，无可避免会更想跟朋友而不是跟父母在一起。到那时，他们"有几个头脑和心地都很正直和严正的朋友"，形成一个小小的学习共同体，共同成长、相互陪伴、相互赋能，那也是世间最美好的东西。①

社群支持：你自己的成长社群

很多父母都有过沮丧、焦虑、抑郁的情绪，而且这种情绪与孩子的学习有直接或间接的关系。这种时刻，我们自然期待能从育儿合伙人那里得到支持或反馈。但我们的期待往往会落空，由失望进而引发扩大化的冲突。所以，还是给自己寻找一个家庭之外的学习共同体吧。我们本来在孤独地面对问题，但有了学习共同体的反馈，我们就有可能得到提醒，知道是目标定偏了，还是难度设定得太大了。

亲朋好友可能愿意听我们、陪我们、劝我们，但通常他们的反馈质量不高，不符合学习共同体的特征，因此不能真正带来帮助。

可以诉苦，但得不到倾听和理解，不算"相互陪伴"。

可以共鸣，但得不到力量和行动，不算"相互赋能"。

可以交心，但得不到学习和反思，不算"共同成长"。

如果你身边有符合这三条的社群，那一定要珍惜，我们可以从中源源不断汲取能量，同时持续帮助和陪伴他人成长。如果暂时还没有，那么可

---

① 爱因斯坦在70岁时给索洛文的信中写道："世间最美好的东西，莫过于有几个头脑和心地都很正直和严正的朋友，他们之间相互了解，正如我们两人一样。"——爱因斯坦.爱因斯坦文集（第一卷）[M].许良英等，编译.北京：商务印书馆，1983：485.

以去当地的拆书帮分舵①，或者扫描下面的二维码，发送"学习力"，加入我们的在线父母社群。

有了你家的学习共同体、孩子的学习伙伴、你自己的成长社群——学习力教练参与或促成这三个学习共同体，成长会变成孩子的习惯，也会变成你自己的习惯。

在学习共同体里养成新习惯

我在北京一所重点中学开讲座，休息的时候有学生来找我，说他特别想改变一个坏习惯，但怎么都改不了。我没问他是什么习惯。我跟他说，告诉你一个秘密——你的爸爸妈妈，也有一直想改都改不了的习惯。他笑了，然后问那又怎样。我说，要是你能拉上爸妈陪你一起养成一个新习惯，就好办了。

习惯之所以是习惯，在于它根深蒂固，几乎是你的一部分。无论养成新习惯，还是改掉旧习惯，最需要的就是时间，然后才是方法。

有一个研究说，成年人和儿童对时间的心理认知是不一样的。六个月对成人来说很快就过去了，但对孩子来说长得似乎看不到尽头。这是因为成人已经走过了太长的时间，相比之下，半年却占了孩子有记忆以来时间的相当大比例。

---

① 拆书帮是非营利性质的学习爱好者社群，在几十个城市每周组织线下活动。可关注拆书帮网站或公众号，了解活动资源。

孩子很难养成新习惯或改掉旧习惯，他们的时间感是一个重要原因：三天不行，一周不行，半个月还不行，似乎就是永远都不行了。而父母因为时间感不同，会更有耐心，所以只要掌握习惯养成的要点，就能更好地帮助孩子培养习惯，顺便也给自己培养一下新习惯。这就是学习共同体在成长习惯上的长期效果了。

关于习惯养成，父母主要把握三个要点：

第一，目标"宁少勿多"。

无论孩子还是自己，一年能养成一个好习惯的话，那么十年十个，三十年就是三十个！身怀三十个好习惯的人，几乎可以说是圣人了。一年养成两个新习惯，这是个了不起的目标。

可能很多人听过"21天养成一个新习惯"的说法，但这句话并没有科学依据。不同的事情固化成习惯的时间差别很大，且因人而异。如果一定要有个时间作为阶段性目标的话，那么暂且可以用70天作为一个时限。比如说，每天使用番茄作业法，第一阶段的目标时限定为70天。第一阶段坚持下来后，下一个阶段就没有那么难了，但一般半年内仍然需要提醒，直到"习惯成自然"。

第二，反馈"可停不退"。

无论孩子还是自己，在养成新习惯的过程中，难免会出现停滞甚至倒退的情况。这时，不要给消极反馈，批评、嘲笑或讽刺只能适得其反。

不如这样反馈：一个月31天，有四五天没做，这叫暂停；一年12个月，有四五周没做，这也叫"暂停"。暂停没什么大不了，回来就好。

一位妈妈说，"暂停"的说法让她大得安慰。半年多前，她捡起了每天冥想一刻钟的习惯，但在三周前她又因故停了下来。本来一直在自责"怎么这么没毅力"，现在知道该怎么给自己反馈了，她满心喜乐，相信能够跟这个习惯伴随终生。

第三，难度"宁轻松勿咬牙"。

身体会记忆和累积做一件事的感觉。如果每次都咬牙坚持，下次会更难开始。让身体记得做一件事是轻松愉快的，就不用不断消耗意志力。

我自己在慢跑了几个月后，报名参加了一个十公里比赛。因为是第一次参赛，我去咨询了一位跑步教练参赛的注意事项。出乎意料，她给我的建议是：一定要跑得舒服。大部分人会想着，跑比赛嘛，一定要比平时成绩好一些，于是拼死拼活地跑到岔气，跑到要吐，跑到眼前发黑。其实也就只快了几分钟而已，没有太大意义，不如让身体记得跑比赛的感觉是舒畅和痛快的。毕竟，还有几十年的比赛可以跑呢。

如此我们就可以理解，为什么改掉一个坏习惯那么难。因为每次跟坏习惯做斗争，我们都要咬牙坚持，感觉越来越痛苦。所以最好换个思路，我们不是去除坏习惯，而是用一个新习惯替代旧习惯，这样难度就低多了。

工具【习惯养成战队】

习惯养成越是不易，越能够增进战友情谊。用这个表格，配合一个日历，和孩子组队养成一个新习惯吧。

学习力要素	爸爸的新习惯	儿子的新习惯
【目标】		
【反馈】		
【难度】		
【学习共同体】		□有无体现相互陪伴 □有无体现相互赋能

SUNDAY	MONDAY	TUESDAY	WEDNESDAY	THURSDAY	FRIDAY	SATURDAY
		1	2	3	4	5
6	7	8	9	10	11	12
13	14	15	16	17	18	19
20	21	22	23	24	25	26
27	28	29	30			

9

SEPTEMBER 2020

8 August 2020
S M T W T F S
　　　　　　1
2 3 4 5 6 7 8
9 10 11 12 13 14 15
16 17 18 19 20 21 22
23 24 25 26 27 28 29
30 31

10 October 2020
S M T W T F S
　　　　1 2 3
4 5 6 7 8 9 10
11 12 13 14 15 16 17
18 19 20 21 22 23 24
25 26 27 28 29 30 31

在日历上，每天和孩子一起画线记录进度。

画 × 的格子，说明当天两人都做到了。只画了一条斜线的格子，说明当天只有一个人做到了。每个月，两个人合计做到 50 天，就算团队胜利。

习惯养成战队的截止日期，为每个人至少做到 70 天时。

例子：

学习力要素	爸爸的新习惯：晚上不刷手机	儿子的新习惯：每天都背记忆卡片
【目标】	手机不进卧室。睡前看书。每月至少 25 天在 11 点前睡觉。	每天晚饭后先背记忆卡片。每周至少完成 6 天。
【反馈】	晚上 9 点后，儿子帮爸爸保管手机。 完成后在日历上画线。 月底统计，父子合计 50 条线，奖励一起去蹦跳乐园。	可以请爸爸帮忙提示卡片。 日历画线和每月奖励与爸爸相同。
【难度】	难度中等，关键在于能养成睡前看会儿书的新习惯。	为降低难度，请爸爸分担一部分制作记忆卡片的工作。
【学习共同体】		☑ 有无体现相互陪伴 ☑ 有无体现相互赋能

教练任务

1. 盘点自己和孩子身边三个学习共同体的质量。以共同成长、相互陪伴、相互赋能这三个要素作为标准来评价。

我自己家的学习共同体	□好 □一般 □可改进 □根本没有
孩子的朋友和学习伙伴	□好 □一般 □可改进 □根本没有
我自己的成长社群	□好 □一般 □可改进 □根本没有

2. 根据打分，列出具体的改进行动。

3. 反思自己在养成习惯（包括督促孩子养成习惯）上走过的弯路，没有取得最终成功的关键因素是什么？

_____

_____

4. 对你而言，现在养成什么习惯最有价值？想出两三个，列在下面。然后跟孩子讨论，确定一个来实践，包括孩子可以怎么帮你，最后落实到一张"习惯养成促进表"上。（最好孩子也有想一起养成的习惯，但不强求。）

_____

_____

关于【学习共同体】的问题

问： 如果育儿合伙人不学习，如果育儿合伙人是固定型思维，怎么办？

答： 我们先接受一个血淋淋的事实，那就是改变育儿合伙人比改变孩子难多了。所以，反求诸己吧，自己先行动起来，让自己的成长给孩子、给家庭氛围带来足够多的变化，这对育儿合伙人会产生最强大的影响。这个过程会很漫长，你可能会感到无力和孤单。这时，与其抱怨另一半不给力，不如在自己的成长社群中汲取力量。

另外，如果你有靠谱的学习社群，可以把另一半拉来一起学。有同学反馈说，自从把丈夫拉来一起学"学习力教练"的课，丈夫简直算得上洗心革面重新做人了。

问:孩子14岁，天天和朋友一起玩"王者荣耀"，我不想让他们一起玩。但孩子很排斥我，我一提要求就跟我吵。我该怎么办？

答: 有一个爸爸嫌弃上初三的女儿太胖，强制孩子节食，要求孩子每天绕操场跑十圈，时不时还夹带着言语羞辱。我说，你怪错人了，根源不在孩子懒和馋，而在父母对健康膳食的无知，你们的日常食用太多精米精面，家里的零食全都是高糖高油，孩子怎么可能不胖。再说，孩子又不是一个月胖起来的，也不应该期待她一个月减下去。最好的方法不是逼孩子节食和跑圈，而是父母要学习膳食知识、改变饮食结构、养成运动习惯。问题是，指责孩子懒和馋多简单啊，有多少父母愿意为孩子改变饮食习惯呢？

14岁的孩子沉迷游戏，无论是怪他交友不慎还是自制力差，都是容易的。但试问父母，孩子每次见你都不开心，见了游戏或"狐朋狗友"就开心，根源在哪里？十几年来，你为孩子的开心和家庭的氛围做过多少事？如果他现在不玩游戏了，不和那个朋友交往了，他的生活会更快乐更充实吗？一旦想通这些，加上理解了【学习共同体】的要点，你也就能想出方法了。

方法还要加上耐心，因为现状不是一个月造成的，也就不应该期待一个月就改变。尤其这个年龄的孩子，更容易受同伴影响，要改变就更难。

希望更多父母，趁还能影响孩子的时候，和孩子共同成长。

第16章 | 教练自我修炼之【反求诸己】
这样成为孩子的学习力教练

反求诸己，成长的内在动力

同样这些问题，有两种考虑问题的不同顺序，你是哪一种？

很多父母考虑问题的顺序

- 孩子有这个问题，那个问题……
- 怎么办呀孩子的英语成绩？
- 怎么让孩子听我的？
- 孩子就是不肯、不能、不愿……

- 怎么增加孩子的学习动机？
- 怎么提升孩子不同科目的学习方法？
- 怎么训练孩子的记忆力？思维力？应试力？
- 怎么帮助孩子培养学习兴趣、思维和习惯？

学习力教练考虑问题的顺序

- 我做了哪些导致现在这样？我自己怎样改变？
- 我哪些表现是固定型思维？怎样就能养成成长型思维，成为善于学习的人？
- 我对"教育的目的""学习的意义"有什么独立思考？
- 我和孩子的关系怎样可以修复／更好？

普通父母考虑问题，常常是怨天尤人、先人后己。学习力教练考虑问题，则是己立立人、反求诸己。

《孟子·公孙丑上》中说："仁者如射：射者正己而后发；发而不中，不怨胜己者，反求诸己而已矣。"说的就是仁者就像比赛射箭的人一样，射箭的人先端正自己的姿态而后放箭；如果没有射中，不埋怨别人，而是"反求诸己"——在自己身上找原因，在自己身上加要求。

这也是学习力教练的修炼和追求。

反求诸己之目标

对很多父母来说，孩子学习的短期目标是期末考，中期目标是中考，长期目标是高考。但高考也就是孩子十八九岁时的事，显然不能成为学习的终极目标。

假设，地球遭遇灾难，一年后我们将会面临世界末日，生命中仅剩的一年，你会希望孩子学点什么？

具体学习什么，不太重要。重要的是，有多少父母的第一反应是：那还学什么啊？

这就有意思了，你对学习这件事，到底是怎么看的？

学习是为了未来找到好工作？

学习是为了未来阶层不滑落？

反正，学习是为了实现另外的目的而不得不做的事情。

这样想的父母，如果彩票中了大奖，要做的第一件事是什么？辞职。因为对他来说，工作是为了挣钱而不得不做的事情。

学习的终极目标是什么，这个问题不能留给孩子去想，就像不能让没到过海边的人准备出海的行囊一样。父母自己要想清楚：我们希望孩子通过学习成长为什么样的人？

在 2020 年经合组织会议上，马云说，很多孩子努力准备考试，就为了考一个好大学，找一份好工作，但"上大学并不意味着你一定能找到工作"。马云说，他从麻省理工学院和哈佛大学招员工，不是因为这些学校的名声，而是因为这些学校的毕业生"准备好了终身学习"。

有一位美籍犹太人，退休后一直在中国做教育工作。我跟他聊天提到，中国人和犹太人有一个共同点，就是都非常重视学习。他说，其实犹太人有很多族群，中国人最熟悉的爱因斯坦、弗洛伊德、马克思、罗斯柴尔德，还有很多诺贝尔奖得主这些犹太人，都属于"世俗德裔犹太人"。他们没有明确的宗教信仰，但是受犹太教"侧耳听智慧，专心求聪明"的传统影响很深，这就带来一个区别：中国人学习是为了争取更好的挣钱机会、获得阶层上升的途径，而犹太人，尤其德裔犹太人，努力挣钱是为了获得更多的学习时间。他们不是为了提升自己的经济地位，而是为了让自己的生活变得更加丰富。

我把这句话分享给很多父母，仍有父母说，我们想不了那么远，还是顾眼前，先追求分数吧。那好，即便为了追求分数，也应该提升一下境界：如果学习目标只盯着分数，反而不容易得到好分数。

我大学毕业入职阿里巴巴，在新员工培训中，马云建议我们："要为使命而工作，顺便把钱挣了。如果只是为了钱而工作，那你挣不到多少钱。"

有意思的是，多年后我在 C.S. 路易斯的书中读到一句非常类似的话："寻找真理，你最终或可以找到安慰；寻找安慰，你既得不到安慰，也得不到真理。"

把同样的原理应用到学习上也是一样。对孩子的学习，我们要设定更高远的目标，顺便考个高分。如果只为了分数而学习，那么不仅得不到智慧，也得不到分数。

至于这个比分数更高远的目标到底是什么，需要做父母的持续思考，超越从前对学习的认识，思考教育的意义。这些很可能不是一天两天能想清楚的，那么，就先像犹太人那样，把"终身学习"本身当作目标吧。

请思考和填写:

想象一下，孩子考上了重点高中、名牌大学，未来还会遇到哪些障碍？

_____

_____

我希望孩子通过学习具备哪些能力、品质、优势、习惯？

_____

_____

反求诸己之反馈

几乎所有育儿的书，都只讲父母怎样做对孩子最好，就像几乎所有讲教育的书，都只说老师做什么对学生更好。但父母也是普通人，有情绪也有需要，在跟孩子的互动上照样会受反馈的影响。有些反馈，让我们更有热情，有些反馈，让我们沮丧气恼。

就像作用力总能得到反作用力，父母对孩子学习而做的动作，也总能得到反馈。

我们期待的反馈，是学习的效果，是孩子的感恩，是未来的成绩和成就。

这些都是好的，我们已经讨论得足够多，但其实要知道，我们能得到的最美好的反馈，是孩子的爱。

若孩子成为学霸，考取名校，飞黄腾达，却不会反馈以爱，那多么可悲呀！

其实每个父母都知道这一点，都希望得到孩子的爱。有些父母会抱怨，"我为你付出那么多，你怎么就不知道感恩呢？"

所以就有培训机构，瞅准需求推出"感恩教育"，要求孩子对父母表达感恩。作为作业，父母们得到几张卡片，一次洗脚。

但我们心里都知道，索求而来的爱，不是真正的爱。

真正的爱，只能通过爱来换。

这就是反求诸己：只要我们给孩子真正的爱，孩子自然会以爱反馈。孟子说："仁者爱人。爱人者，人恒爱之。"

爱并不是感受和想法，只有行动才会有反馈，所以爱是行动。

哪怕你心里已经多么不耐烦，但言语仍有耐心，这就是爱了。因为爱是恒久忍耐。

哪怕你觉得孩子没有达到期待，但先问他的感受，这就是爱了。因为爱是恩慈。

凡事包容，凡事相信，凡事盼望，凡事忍耐。

我们付出这些爱的行动，就会得到爱的反馈。

请思考和填写：

无论在学习还是其他事情上，你对孩子在耐心、恩慈、包容、信任上做得怎样？

_____

如果孩子感受到足够的爱，耐心、恩慈、包容、信任，会让他对你的态度、行为带来哪些改变？

_____

反求诸己之难度

我们在第 3 章说的都是对孩子学习难度的调整，这里聊聊父母自己要应对的难度。

第一重难度，难在大环境使然。

有人说，如果人生是一场游戏，那么我们和孩子挑战的都是"Hard 模式"[①]。孩子面对过高的学习难度会恐慌，而父母面对过高的养育难度会焦虑。

> 宝贝才一岁，我早早地给他选地段、落户口、买学区房，现在又为他上什么早教班和幼儿园焦虑。唉！快乐教育从我读书的时候就在倡导，但是到了我儿子这里还完全看不到，只能看到全民焦虑。——一位群友

如此艰难，又如此普遍，以至于焦虑成了流行病。至于为什么，可以在网上看到很多分析："内卷说""人口说""窗口期""国民性"，种种解释不一而足，各有道理，但大都是"只看病、不给药"。因为大环境如此，父母们就算知道原因，也不得不被裹挟在洪流中搏命前行。

但是，真的没有办法了吗？其实未必。虽然没法救所有人，但自救是能实现的。中国企业的境况先行一步，是很好的参考：十几年来，企业日子愈发难过，为了能活下来，很多企业不得不压缩利润空间——拼降成本，拼多加班，拼克扣薪酬……大家都干得越来越累、挣得越来越少。因为根本原因是结构性产能过剩，所以没有核心技术的企业必然死掉一大批，只要仍在较低层次竞争，就只能是 Hard 模式，又惨又烈。经济学家和管理学家开出的药方是：产业优化、管理升级。

这个建议同样适合中国父母。中国孩子们的学习竞争固然惨烈，但普遍是在较低层次进行——拼晚睡觉，拼多报班，拼学区房，拼早起跑……如果父母们反求诸己，优化自己的教育理念、升级自己的辅导方法，那就跳到更高层面了。

---

① 很多游戏会提供不同难度等级给玩家选择，典型的如 Easy 模式、Normal 模式、Hard 模式等。

并不是说在更高层面就没有困难和挑战了，很多学习力教练的实践证明，自我升级之后的难度，是在"学习区"而不是"恐慌区"的难度，是可以让人卸下焦虑、乐在其中的难度。就像玩电子游戏，当其他人都在一个越来越不好玩的游戏中你死我活时，我们跳出来，切换到一个更有意思的游戏里，享受在游戏中克难攻坚不断成长的乐趣。

第二重难度，难在教育原本是一门专业。

好，现在你下定决心，要自己升级和优化。然后发现，要学的太多了，该做的太多了，想坚持下去太难了。

古今中外，教育是一门专业，而绝大部分父母不是教育专业人士。有人戏言，说如今打个官司得成半个律师，看个病得成半个医生，装个房子得成半个装修专家……如此推论，养个娃，岂不就得成半个老师了吗？

这么要求自己，当然很难。我们在本职专业上都难以精通，再辅修教师专业，怕是左支右绌。好在，我们不需要做老师，只要做教练，只要引导孩子更高效地学习，不需要教给孩子具体内容。[①]

做学习力教练的难度低很多吗？应该说，优秀的学习力教练和优秀的老师一样需要长久修炼，但是，一知半解的老师没法教出好学生，但刚刚入门的学习力教练完全能够促进孩子的学习。因为教练不是拽着孩子拼命奔跑，而是撬动杠杆，每撬动一点，孩子就可以行动很多。

无论跑还是撬，当老师还是当教练，难度都不低，不如优先做能以一当百的那些事。如此一来，就像玩电子游戏，别人都以为要一点一点打装备练级，而你学会了像《黑客帝国》里的尼奥一样直接修改源代码。学习修改源代码也有难度，但长期效应可观得多，投入产出比高得多。在自家

---

① 哪怕专业教育从业者，也越来越强调从重视教到促进学——"一名教师的工作从本质上来说应该不是被理解为教学，而是一个帮助和支持参与者们的学习过程。"——克努兹·伊列雷斯.我们如何学习［M］.孙玫璐，译.北京：教育科学出版社，2014：256.

孩子学习这事上，投入产出比最高的就是影响孩子的内在动力，训练相关的思维能力，帮孩子学会学习，再陪伴出良好的成长习惯。

第三重难度，难在成年人的改变比孩子更难。

然后，你不再左右为难，下决心迎难而上，实践本书中培养孩子自主学习力的技能。现在书快读完了，你是觉得踏实了，还是更加焦虑了？

回想一下，你在读这本书时，有没有下面这些想法？

☐ 太难了，对家长要求太高了，这谁能做到呢？

☐ 太烦了，干吗要我先学了再教给孩子呢，能直接让孩子学这些吗？

☐ 太对了，可惜我们家育儿合伙人不争气，要是他能像书里案例中的爸爸一样……

类似的想法太常见了，但是，全都是因为下意识地拒绝改变而找的借口。

我们必须接受和正视这个现实：论难度，成年人的改变比孩子的改变难多了。而且，成年人更擅长找借口。

"读了很多书，仍然过不好这一生"，这显然说的是成年人。我和企业大学人士一起开会，也常听到类似的感叹，说企业学员参加培训"听时心动，想想激动，过后不动"。有一次在某地产公司的中层管理者培训项目上，地区总经理说："这个课题我们年年培训，你们记笔记都很认真，但就是见不着几个真能做到的。"

企业培训，一般只有短短几天，学习目标难以实现。很多企业大学管理者畅想，要真正落实成年人的改变，最好能安排长期的、贴身的学习设计：设计陪伴和打卡以养成习惯，规划体验和反思以提升能力，定制难度和反馈以改变行为……当然，这只是教育者的一厢情愿，企业不可能真去这么做。

除非我们反求诸己，自己给自己安排长期的、贴身的学习设计。

一位腾讯的软件工程师跟我说，这么多年的拖延症怎么都改不了，他觉得无药可救了，没想到最后居然通过陪孩子写作业治好了。过去的半年里，他每天晚上和孩子一起用番茄钟，他工作，孩子做作业，相互监督、准时准点、从不拖延。

还有一次在"孩子学习力教练"课堂上，一位来复训的妈妈讲述了自己的改变。从大学时代起，她就有严重的情绪问题，常常陷入沮丧抑郁。学了"在学习共同体里养成新习惯"后，她回去跟孩子讨论，孩子想养成记日记的习惯，她就规划自己每天记"感恩日记"，回顾当天发生的美好、顺利、幸运的事。记录了五个多月后，她突然发现，自己已经很久没有抑郁情绪了。她说，其实早就从情绪管理的书中看过记感恩日记的方法，但直到和孩子一起相互督促、相互陪伴，才算真正实践了。

你看，成年人改变虽难，但有孩子来帮助我们。从此，别再费尽心思为自己的不改变找借口了。

做父母要应对的难度确实很高。像电子游戏会在目标、反馈、难度上精心调试一样，父母也能通过对目标、反馈、难度的加深理解而乐在其中。和孩子一起成长，是一辈子的游戏。最初我们以为是"养成类游戏"，目标是培养孩子，后来发现是"角色扮演游戏"，更多的是自我的成长。

请思考和填写：

本书中哪一个点是对你和孩子很重要，但你很难持续做到的？

_____

_____

怎样能降低一点改变的难度，从而真正把决心变成行动，再变成习惯呢？

_____

_____

反求诸己，最甘心的难度，是我们和孩子一起成长的难度。

反求诸己，最终极的目标，是我们清楚知道孩子要通过学习成为什么样的人。

反求诸己，最美好的反馈，是始于爱，伴着爱，归于爱。

成为孩子的学习力教练，培养孩子的自主学习力，感谢孩子给我重新成长的机会。

结 语

帮助孩子成长，帮助自己成长

我有一个梦想，在 20 年后，会有某一本书的后记中写着："我要感谢我的爸爸妈妈。在我小时候，他们读了一本《如何培养孩子自主学习力》的书，知行合一，才让我没觉着学习是苦差，慢慢爱上学习，直到今天。"

一位爸爸讲他改变命运的经历:山村贫困少年，苦学考上一所 985 大学，再苦读四年考上 top2 研究生，如今在互联网大厂做到总监改变了命运。他跟孩子说，如果你不吃学习的苦，就会吃生活的苦。

说归说，孩子根本不听。

"本来以为有房、有车了，总算熬出头了，没想到要为娃的学习来受二茬罪、吃二茬苦。"他苦笑着说。

我问，你为孩子学习受的苦，属于生活的苦，还是学习的苦？

他一愣。

为成绩着急，为未来担忧，为贪玩生气，为鸡娃焦虑……对父母来说，这都是"生活的苦"。

父母自己学习，就能培养出积极主动、热爱学习、擅长学习的孩子。

父母自己改变，才能影响孩子的思维和自主学习力。

父母自己成长，才能越来越不费力——苦尽甘来。

但父母是成年人啊，成年人改变比孩子改变可难多了。

——为什么很多人宁愿吃生活的苦也不愿吃学习的苦？

——因为学习的苦需要你主动去吃，而生活的苦你躺着它就来了。

去柴达木盆地徒步，同行的有一位中国社会科学院的张老师。

六十多岁的她，走戈壁赛过别人履平地，百公里走下来不疾不徐。

问过才知道，十几年前她在日本时，曾经高烧不退，诊断是红斑狼疮。

这种恶性免疫系统疾病，死亡率高且无法可治，最多能用药物稍稍控制。没想到，张老师爬山、徒步、慢跑，病情居然自行好转了。至今11年没有吃药。11年中，她爬山爬到乞力马扎罗，跑步跑到雅典马拉松。她不仅为自己，还希望用实例告诉病友，患病后也可以活得精彩。

在几个病友大群里，她都被病友们看作希望的象征。

但是，她说，太多病友的表现让她无奈。他们日复一日，刷新闻、转消息，哪国出了一种新的实验药品，或者某种中医药物可能有特效。他们发来检查单的图片，说张老师你给我看看吧，我这情况怎么办呀。

"他们愿意花钱，多少钱都行，只要对方敢承诺帮自己解决问题。他们把希望都寄托在别人身上。整天期待奇迹能在眼下出现。但是，他们就是不愿意自己改变思维。不论我跟他们讲多少遍：只有改变思维，才能改变生活，才能改变行动，最终才能改变结果。他们死都不愿意改变自己。"张老师说着，恨铁不成钢。

"他们死都不愿意改变自己。"——这句话，可以搬来形容很多为孩子学习而焦虑的父母。

拿着孩子的成绩单，焦虑这孩子的学习该怎么办呀。

花钱没问题，只要辅导机构承诺可以解决问题。

花钱没问题，只要是送娃去补课，而不是我自己去学习。

但是，关于孩子的学习，有一些问题，是父母的问题导致的，剩下的那些，如果父母能改变，比起只要求孩子改变，效果会好得多。而要训练孩子真正的自主学习力，只能由父母培养。

因为老师不会教，其他人教不了。

而父母做起来，既帮助孩子成长，又帮助自己成长。

——为什么很多人宁愿吃生活的苦也不愿吃学习的苦？

——谁说学习是吃苦？

赵周

2021 年 3 月

图书在版编目（CIP）数据

如何培养孩子自主学习力 / 赵周著 . — 长沙：湖
南教育出版社，2021.6

ISBN 978-7-5539-8101-7

Ⅰ . ①如… Ⅱ . ①赵… Ⅲ . ①学习方法—家庭教育
Ⅳ . ① G791 ② G78

中国版本图书馆 CIP 数据核字（2021）第 065913 号

RUHE PEIYANG HAIZI ZIZHU XUEXILI

书　　名	如何培养孩子自主学习力	
责任编辑	张件元	
特约编辑	徐　昕	
出版发行	湖南教育出版社（长沙市韶山北路 443 号）	
网　　址	www.bakclass.com	
微 信 号	贝壳网教育平台	
客　　服	0731-85486979	
经　　销	新华书店	
印刷装订	天津旭丰源印刷有限公司	
开　　本	787 mm×1092 mm　16 开	
印　　张	14.5	
字　　数	175 000	
版　　次	2021 年 6 月第 1 版	
印　　次	2021 年 6 月第 1 次印刷	
书　　号	ISBN 978-7-5539-8101-7	
定　　价	52.80 元